犹太人的赚钱智慧

品墨 编著

中国商业出版社

图书在版编目（CIP）数据

犹太人的赚钱智慧 / 品墨编著. -- 北京：中国商业
出版社，2020.10（2025.4 重印）
ISBN 978 - 7 - 5208 - 1479 - 9

Ⅰ. ①犹… Ⅱ. ①品… Ⅲ. ①犹太人 - 商业经营 - 经
验 Ⅳ. ①F715

中国版本图书馆 CIP 数据核字（2020）第 250458 号

责任编辑：王 彦

中国商业出版社出版发行
（www.zgsycb.com 100053 北京广安门内报国寺 1 号）
总编室：010 - 63180647 编辑室：010 - 63033100
发行部：010 - 83120835/8286
新华书店经销
三河市众誉天成印务有限公司印刷
*
880 毫米 ×1230 毫米 32 开 6 印张 136 千字
2020 年 10 月第 1 版 2025 年 4 月第 4 次印刷
定价：36.00 元
* * * * *
（如有印装质量问题可更换）

前　言

著名思想家孟德斯鸠在《波斯人信札》中说过："记住，有钱的地方就有犹太人。"众所周知，犹太人向来以善于经商、精于理财而著称。

美国前 400 个富豪家族中，犹太人占了 23%；

在美国华尔街的精英中，有 50% 是犹太人；

在全世界最有钱的企业家中，犹太人占了近一半。

有人说："三个犹太人在家里打喷嚏，全世界的银行都将连锁感冒。"

也有人说："五个犹太人坐在一起，就能控制整个世界的黄金市场。"

犹太商人是商人中的智者，他们能够从零开始，从一无所有起步，最终成为亿万富翁。冒险是犹太人的习惯，犹太民族特有的冒险精神令犹太商人在产品上、在经营手段上、在许许多多方面打破常规，引领变革。任何东西到了犹太人手里，都会变成商品。犹太商人之所以能成为世界上最成功的商人，犹太生意经之所以成为智慧的生意经，就是因为智慧与他们同在。

犹太商人聚敛财富的灵巧和诡谲如同魔术师一样。是什么让仅占世界人口不到 0.3% 的犹太人能够取得如此大的成就，占有如此举足轻重的地位呢？

其中的奥秘就在《塔木德》中。爱因斯坦曾说："人类的智慧在犹太人的脑袋里，犹太人的智慧在《塔木德》里。不了解《塔木德》，就不了解犹太人；不了解犹太人，就不了解世界。"

　　《塔木德》是犹太学者整理的犹太民族近千年的圣哲之言，是犹太人对自己民族智慧的总结和提炼。本书通过精彩的故事和案例，全面而简练地展示了《塔木德》中关于犹太民族的金钱观、理财法和生意经等方面的智慧。这些智慧法则都是犹太人经过多年实践总结出来的。打开本书，让犹太人的经商哲学改变你固有的理念，从而帮助你走向辉煌。

2020 年 8 月

目　录

上篇　金/钱/观

奉行现金主义

在犹太人看来，银行存款虽然稳当，但是不太可能获得更大的利润。而现金随时都可能协助经商者扩大投资，使之获得更大的利益，用这些钱购置房产、铺面、设备等固定资产，或搞商务活动，会比存在银行多很多的利润。灵活性强，运转速度快，这就是现金的威力。

有一家犹太人开的小餐馆的墙壁上贴着这样一首歌谣：

> 虽然我喜欢你，
> 但是你要赊欠，
> 我却不能答应，
> 就怕你今后不再上门。

这其实就是中国的"小本生意，恕不赊欠"的翻版。但犹太人却为何绞尽脑汁编出这样的歌谣来拒绝顾客的赊欠呢？原因主要有三个：一怕赊欠了收不回来，吃亏的是自己；二怕如果赊欠太多，影响餐馆的资金周转；三怕赊欠的钱如果是现金，不能用于再投资，就不能够增值。

这就是犹太人所坚持的"现金主义"。犹太人的现金主义生意经在日常生活及交往中表现得特别明显,他们力求把一切东西都"现金化"。与其他商人打交道时,他们关心的是"那个人今天究竟带来了多少现款"?对对方公司的评价则是"这个公司,换成现款究竟值多少"?因此,犹太人做生意时总是力求现金交易。

为了保证最大限度的现金化,他们还确定了这些原则。

商品不卖给没有支付能力的顾客。

在契约上标明付款条件。

信用限度表明可以赊欠多少,超过限度不予赊欠。

约定期一到,立即上门收款。

收款态度坚决,不让对方有拖延的余地。

对经常拖欠货款的顾客慎重发货。

拒绝给不可能付款的顾客发货。

犹太人之所以奉行"现金主义",也许与他们长期以来遭受排挤和迫害有关。他们在许多国家多次遭受排犹,每次排犹,他们的财产都会被没收,只有随身携带现金逃跑最妥当。只有现金才可以保障他们的生活,才可以对付难以预料的天灾与人祸。另外,犹太人对任何人都不放心,一旦将商品赊出去,拿不回钱来怎么办?

犹太人的"现金主义",正如我国的一则俗语"赊三不如现二"。事实上,在当今的商业活动中,现金也是十分重要的。瞬息万变的市场,风险潜伏在各种买卖活动中,如果忽视了现金，往往会导致血本无归。所以，犹太商人的现金主义观念是很有道理的，这也是经商中最简单、最实用的方法。

现金主义还有一个好处，假如手里有了大量的现金，在与急需现金的对象做交易的时候，往往可以"乘人之危"，将对方的价格杀得很低。

嘉道理家族是19世纪末至20世纪中叶著名的犹太家族，不论财力、声望还是政治影响，都是极为出众的。嘉道理家族一直在伊拉克的巴格达定居，该家族主要从事农产品贸易和放债。

在经营农产品贸易的过程中，每当农产品收获季节，当地农民们急需将其产品变换为现金，以解决资金不足的问题。这时候，嘉道理就拿出大量资金，以极低的价格收购那些能够储存的农副产品，然后等待至青黄不接、农民存粮已尽的时候，再以极高的价格把农副产品卖给农民，这样一去一来，就能赢得极大的利润。

同时，把收购来的农副产品运到欧洲，换取工业产品或工艺装饰品，然后在本地出售。把两地不同的劳动价值，以以物换物的形式体现，谁也不知道中间有多少利润。嘉道理就是这样神不知鬼不觉地赚钱，很快就成为当地的富豪。

嘉道理家族在巴格达经营的最大业务要算放债。就是利用借债人没有现金、急需用钱的机会，短期放贷出去，这样就会有很高的利率，很快就会取得极大收益，财源由此得以广进。

在历史上，由于犹太人经常要四处逃亡，无法拥有房屋和土地，只能将财产随身携带，以便应付各种不测。所以犹太人对钱非常珍爱，尤其是现钞，宛如对生命般珍爱。另外，除了现钞，黄金、钻石也非常便于携带，所以犹太人特别喜欢做黄金、钻石生意。

君子爱财，取之有道

　　《塔木德》中写道："真正的清白和真正的诚实是可以从一个人对待金钱的态度上看出来的。只有在金钱问题上可靠的人，才可以被看作是清白、诚实的。"在犹太人看来，只有通过正当渠道获得的钱财，才会让人感到心安理得，才能积累财富。这正应了我们中国的那句古话"君子爱财，取之有道"，单从这一点来说，犹太人可真称得上是君子了。

　　拉比西蒙·本·舍塔平日靠砍柴维生，每天，他要把柴火从山上背到城里去卖。为了有足够的时间来研究《塔木德》，他决定替自己买一头驴子代步。

　　拉比来到集市上，从一名阿拉伯人手中买了一头驴子回家。他的学生看到后都非常高兴，就把驴子牵到河边去洗澡。正在这个时候，一颗足足有10克拉重的大钻石从驴脖子上掉了下来，顿时光芒四射。

　　学生们都欢呼雀跃，他们认为这是上天赐给拉比的一份珍贵的礼物。这样一来，拉比就可以摆脱贫穷，专心研究《塔木德》了。

然而出乎意料的是，当学生们兴高采烈地把这颗钻石交给拉比时，拉比却立即捧着钻石向集市跑去。他找到了那个卖驴子的人，把钻石交回了他的手中。

　　看着卖驴人困惑不解的样子，拉比说："我买的是驴子，而不是买钻石。我只拥有那头驴的所有权，所以驴脖子上的这颗钻石必须还给你。"

　　卖驴人依然疑惑不解，他有些不敢相信，世界上居然有这样的人！看到犹太人拉比坚持要归还钻石，卖驴人恭恭敬敬地说："你买了那头驴子，钻石是在驴身上的。你就是不拿来还我，我也不知道。你为什么要这样做呢？"拉比平静地说："这是我们犹太人的传统，我们的神训示过我们，我们只能拿支付过金钱的东西，我只支付了买驴子的钱，却没有支付买钻石的钱，所以这钻石必须要还给你。"

　　卖驴子的阿拉伯人听后肃然起敬，说："你们的神必定是宇宙中最伟大的神。"

　　如果说在犹太人的特性中，有什么是可以直接用来解释他们出类拔萃的商业成就的，那么有一点必须要提到：犹太人认为追求利益与财富是符合人最内在的道德本性的事情。

　　（1）认定自己的工作是有价值的。只有认定自己的工作是有价值的，财富的积累才能心安理得，也才会更加努力地积累更多的财富。从蒙昧时代开始，经商赚钱已经作为一种观念存在了。在古老的犹太民族传统当中，这种对商业尊严和内在道德观的深刻信念，给犹太人的商业活动注入了强大的生命力。

　　犹太人认定从商经营只要符合法律、遵守契约就是道德的，他们坚信朋友的赞赏可以促进商业活动的成功，这是一种激励的心理措施。我们同样可以通过各种赞赏来激发自己对工作的信心和激情。犹太人这种深厚的从商文化背景，使他们更容易从商业活动中得到满足和财富，这是一种整体的民族特征。

　　这种心态可以激励犹太人更好地从事商业活动。相反，如果有人认定"无商不奸"，其实这种人更容易触犯法律。

　　因此，通过正当渠道获得钱财，然后心安理得地积累财富的心态，作为一种古老的智慧在犹太民族流传了下来，不断地激发着更多的犹太人在商业活动中获得成功。

　　与之相反的是，犹太人认为，如果你对自己的工作感到沮丧，你的失败将是不可避免的，根本就不可能积累财富。如果营销人员认定他们的产品质量或服务比别人的要差得多，他们就不可能全身心地投入销售活动中去，工作效率自然也不会提高。这不仅仅是因为他们的良心内疚感使他们没有足够的底气去介绍自己的产品，更重要的是这种良心内疚感会在他们心中激起一种羞耻感。如果你对自己的工作没有足够的肯定，必然就会陷入沮丧当中，这样不但不会得到朋友们的支持和赞扬，而且会让你对工作更加失望，没有动力，这样成功肯定是和你无缘了。最后，你就只能在社交时谈论别人的工作，而错过了社交场合可能提供给你的发展机会。

　　这就是从犹太人对财富的积累问题上可以引申出来的理解，也就是你必须首先认同自己的工作，认同自己做的事情的价值，才能更深入地去理解它，才能在工作中发挥自己的潜能。

（2）要平静地看待商场上的输赢。商场如战场，有很多事情是难以预料的。能够帮助朋友做成大事的大有人在，这也是做生意的常用方法，可以在大获全胜的同时给别人留下好名声。但如果做不到这一点也不用内疚，只要自己赚钱的方式是合法的，就应该心安理得地接受。

　　代尔夫是耶路撒冷市人，他的父亲是个粗人，只会炒股票。代尔夫大学毕业后分到一家报馆工作，经父亲与他的合伙人商议后，给他介绍了一份证券所职员的工作。

　　不久，代尔夫慢慢熟悉了这份工作，开始喜欢上了证券工作。在证券公司，代尔夫刻意钻研股票走势，又摸清了大户的心理，做事干脆利落、效率很高，又不计较报酬的高低，处处为公司省钱，因此逐渐建立起了个人声誉。不久他就通过投资股票赚得了第一个100万美元。

　　到了2000年，由于一些投机分子制造假票事件，成为股市崩溃的导火索，股价一泻千里，虽然代尔夫反应迅速，但并没有挽回亏损的局面，他的100多万美元资产只剩下20多万美元了。在不得已的情况下，代尔夫告别了股市，移民到了美国。后来，他又回到了以色列，开始专心研究资产净值。他发现收购空壳公司是发财的捷径，于是先后收购了8家小公司，然后注入资金，重新组织后转售出去，一只股票就可以赚数千万美元。这样，代尔夫"公司的救世主"的称号从此被叫响了。

嘉丽克是代尔夫生意上的朋友，他在美国拥有多项股权，但负债累累，公司形同空壳，这对代尔夫来说正是收购的好时机。

代尔夫让嘉丽克处理好了破产的各项事务，通过美国政府的允许，两人办理了接管手续，交了税金。代尔夫通过与银行交涉，只用了400万美元就还清了嘉丽克4000万美元的债务。等债务还清后，代尔夫开始对嘉丽克的公司进行重新整顿。到2002年，嘉丽克公司的市值已经达到了10多亿美元，代尔夫从中获得了上亿美元的股权。代尔夫在股坛的地位得到巩固后，许多股民蜂拥跟随他投股，这时他又把手头上的股票转手，在最终的结果中，股票行情变化很大，大部分股票暴跌、停牌，甚至倒闭，而代尔夫却始终屹立不倒。

许多人发现，代尔夫在股市历经数十年，一路顺风，平安无事，但他身边的许多朋友不是身陷囹圄，就是惹官司。无疑，周围这些朋友截然相反的结果给代尔夫的名声带来了影响，但代尔夫认为这些朋友的下场，就是因为在股市这个战场里没有很好地运用游戏规则。在代尔夫看来，股市有人赢，有人输，是完全按照游戏规则办事的。对于法律而言，法律有规定的就要去遵守，一个成功钻法律空子的人在道德上是丝毫不会感到内疚的，因为他是依据规则去办事的。也就是说，代尔夫认为自己的钱是通过正当渠道获得的，是干干净净的，和那些朋友的下场没有任何关系，自己根本就不必对此感到内疚。

对于代尔夫的坦荡，没有人能够去指责，大家反而更加尊重他、跟随他，使他逐渐成了犹太证券第一人，在证券市场上独领风骚。

虽然犹太人爱钱是出了名的，能赚钱也是出了名的，但他们对钱财始终坚持"取之有道"的原则，只要是自己通过正当渠道获得的钱财，就心安理得地去拥有它，用不着去管别人说些什么。他们有一种"走自己的路，让别人去说吧"的坦然与淡定。

钱要用在刀刃上

《塔木德》中说："赚钱不难，用钱不易。有钱是好事，但是要知道如何使用更好。"犹太商人虽然拥有惊人的财富，但这并不代表他们会随意地一掷千金。金钱对于他们是重要的工具，他们的理财观念是，花 1 美元，就要发挥这 1 美元 100% 的功效，也就是说，钱要花在刀刃上。

钱在商人的眼里就是资本，用金钱可以生金钱，所以他们对金钱的用法十分在意。他们主张把钱花在点子上，认为一分钱也有巨大的价值。

犹太人从小就教育孩子要重视钱的用处。投资好、眼光远，就会使财富越来越多。相反，如果不知道把钱用在合适的地方，就是富翁也会变成乞丐。下面就是一个这样的例子。

在一座豪华公寓里，一个中年男人和一个中年妇女仿佛在争论着什么。只听这个中年妇女说道："你还是再好好考虑考虑吧。毕竟孩子们刚刚从学校毕业，他们的经验还很少，咱们怎么能让他们自己出去闯荡，况且还一下子把那么一大笔钱交给他们呢？""我不同意你的观点，他们都已经超过 20 岁了，应该去历练一番了。想当初我还不到 18 岁便已经开始独自闯荡了，如果还让他们留在家里，会毁了他们的。"中年男人反驳道。这个中年男人就是美国企业界最具传奇色彩的人物——犹太富翁亚蒙·科尔，而中年妇女则是他的妻子。

他们有一男一女两个孩子，男孩儿叫哈基姆，23 岁；女孩儿叫丽萨，21 岁。这天晚上，两个人正在为是否该让两个孩子出去历练而争论不休。作为母亲，虽然孩子已经成年，但毕竟一直在自己身边，没有什么生活经验，母亲始终放心不下。可是，科尔却不这样想，他觉得应该让孩子们尽快到社会上去磨炼一下，否则将来是不可能有出息的。

夫妻俩最终谁都不能说服对方。于是，科尔想出了一个折中的办法——把孩子留在自己身边，但是给他们每人一笔财产，让他们尝试着去管理，等过一阵子他们有了经验以后，再让他们单独出去闯荡。

第二天，科尔就将这个计划告诉了两个孩子。他给每个孩子 1 万美元，让他们自己去管理这些财产，到年底的时候，他再对两个人的成果进行考察。

平时科尔很少让孩子手中有大额的金钱。哈基姆和丽萨拿着这笔钱，心中感到莫名的兴奋，暗想："哈，终于有了可以自己支配的钱。"从那天开始，两个人便按照父亲的指示开始了独立掌管财务的生活。日月如梭，一转眼便到了年底，离科尔考察的日期也越来越近了。可是哈基姆和丽萨却希望这一天晚点到来。原来，两个人不但没有让手中的金钱增值，甚至还损失了一大半。考察的时间如期而至。这一天，科尔将两个孩子叫到身边，问道："怎么样，孩子们，说说你们的财务状况吧。"科尔默默地看着这两个孩子。

哈基姆内疚地说："对不起，爸爸，我并没有能够管理好那笔钱。"随后，他将自己的财产情况告诉了科尔，丽萨也向父亲坦白了自己的情况。听完哈基姆和丽萨的话，科尔点了点头，说道："孩子们，对于这一年的经历，你们肯定有很多感想吧？"哈基姆有些沮丧地说："是的，爸爸，将金钱管理好太难了，很多不确定的因素常常会让我遭受莫名的损失。"听他说完，丽萨也在一旁点了点头。"那你们有没有想过到底如何去好好利用它们呢？哈基姆，你是不是在没有深入调查的情况下，就盲目地购买了6000美元的股票？丽萨，你在拿到那笔钱的3个月里，又曾拿出多少钱去购买了化妆品？"原来父亲对他们两个人的钱的行踪了如指掌。

听了父亲的话，哈基姆和丽萨心头一惊。科尔告诉两个孩子说，犹太人有一句格言：花掉1美元，就要发挥1美元100%的功效，而且要把支出降到最低点。要求他们在今后的生活中要学会投资，把钱花在点子上。

从科尔教导子女的故事中，我们可以看出，犹太人对金钱的利用十分谨慎。为了让利益最大化，他们要使每一分钱都发挥作用。我们还必须懂得爱惜钱财。我们要学会保护自己已有的钱财，控制自己的欲望，控制自己的花费。犹太人之所以如此富有，正是因为他们为了降低成本、减少费用，常常对每一笔投资都精打细算，尽量做到让每1美元的效用最大化。

　　有这样一个故事：古以色列王国时期，有两个好朋友，一个叫萨哈，另一个叫苏鲁，两个人都是做小本生意的。5年后，萨哈早已成为有钱的富翁，而苏鲁却只能维持温饱。

　　一天，苏鲁找到萨哈，问："咱们两个都是从小本生意做起，为什么你早就飞黄腾达，而我却仍旧是一贫如洗呢？"

　　萨哈平静地说道："我之所以比你富有，是因为我们有很大不同。"

　　"我们哪里不同？难道我不是像你一样勤勤恳恳？而且有时候我的勤劳程度甚至超过你呢！"

　　"那只不过是表象罢了。"

　　"表象？"

　　萨哈继续说："是的。我问你，如果你每天能够赚到10个铜板，你将会如何处置它们呢？"

　　"当然是用来改善生活了！"

　　"这就是我们的差别。你知道我是如何做的吗？告诉你吧，当我赚到10个铜板之后，我会将它们放在荷包里。当我需要花钱的时候，我只会拿出其中的9个来用，每天都剩下一个，从来未曾多用过一个。或许你觉得这样做多此一举，但它确实是我能够发达起来的最根本的原因。

当初，我像你一样，荷包里空空如也、一贫如洗，那时我又怎敢奢望现在这样的生活呢？"

萨哈接着说："不过，当我开始放进 10 个铜板，只取出 9 个来花之后，我的空荷包渐渐鼓了起来，时间一长，我就存下了一大笔钱。可我并没有将它们胡乱花掉，而是找到更好的机会进行投资。就这样，我所拥有的财富越积越多，最终变得像今天这样富有。"

苏鲁瞪大了眼睛，他真不敢相信致富竟然如此简单。

犹太人的用钱原则就是这样，只把钱用在该用的地方。他们认为不该用的地方，即便是 1 美元也不会花出去的。

富人之所以越来越富，穷人之所以越来越穷，关键在于富人知道怎样去积累财富，知道怎样用积累的财富去为自己赚更多的钱。所以，我们要想致富，就要先学会花钱，学会像犹太人一样把钱花在刀刃上。

时间就是金钱

不要以为犹太人只看重金钱，在犹太人眼中，时间要比金钱宝贵，理由有三点：

（1）金钱能够储蓄，而时间不能储蓄。

（2）金钱可以从别人那里借，而时间不能借。

（3）自己有多少金钱自己知道，而自己生命还剩多少时间却无法知道。

所以，犹太人从不浪费自己的时间，也从不浪费别人的时间。

很多人都知道"时间就是金钱，时间就是生命"这个道理，但在实际生活中，大多数人却对时间视如粪土，一闲聊就是几个小时，一喝酒就是大半天，甚至一打麻将就是几天几夜，就这样无端地让时间白白流逝了。

对于"时间就是金钱"，有位月收入 20 万美元的犹太大亨是这样认为的，他细细算过一笔账：他每天工资近 8000 美元，那么每分钟为 17 美元。假如他被别人打扰，占用了 5 分钟的时间，就等于被窃现金 85 美元。

20 世纪 50 年代初，因为朝鲜战争，一个犹太人在日本经营打仗用的沙包。停战之后，沙包不仅没有人需要了，还得支付仓储公司的保管费。为此，犹太人找到一个正处于内乱的国家的驻日大使馆，对方也正需要沙包等战略物资。犹太人知道，只要战争不打，这笔生意又得泡汤。于是，他要求对方预付货款，并马上签订了合同。果然，没过几天，那批沙包尚未运离日本，该国的内乱就停止了。由于能及时成交，犹太人没有一点损失。

犹太人做生意、上班工作，对时间如金钱一样按分按时地计算，一旦规定了工作时间，就严格遵守。下班铃声一响，即使是打字员，他们只要再花几秒钟时间再打 10 个字就能完成一件公文，也不再打完而下班，这种强烈的时间观念提高了他们的工作效率。

犹太人会见客人，十分注意恪守时间，绝不拖延。客人来访，必须要预约时间，否则就要吃闭门羹。犹太人最讨厌的就是不速之客，他们认为不速之客就等于盗窃时间和金钱的"盗窃犯"。

日本某著名百货公司的一位年轻职员，到美国纽约进行市场调查。当他想到自己应该有效利用时间时，就直接跑到某犹太人的百货店，贸然地求见犹太人老板。秘书小姐问："请问先生您事先约好了吗？"日本人不以为意，反而滔滔不绝地说："我是某百货公司的职员，特意抽空来拜访贵公司……""对不起，先生！"秘书小姐将日本职员冷冰冰地拒之门外。

在犹太人那里，预约不仅意味着时间，还意味着时间的确定。比如，犹太人在进行商谈之前，不仅要约定好是在某年某月某日某时，而且要预约好"从几时起，洽谈几分钟"。一般商人之间需要谈 30 分钟的事情，犹太人就只需要 10 分钟。而且，他们与人洽谈从不寒暄，直接进入主题。那些"联络感情"的客套话，在犹太人那里是不起任何作用的。

犹太人认为从某个层面来说，商业竞争就是时间的竞争，有效地运用时间，才是商人成功的关键。

摩根的办公室和其他人的办公室是连接着的，他这样做的目的就是经理们有什么需要请示的事情，他直接在现场告诉该怎样处理。这样可以最大限度地节约时间，在摩根眼里，哪怕只延迟 1 分钟也是天大的浪费。

摩根的经理们都知道他的这种作风，于是向他汇报工作的时候，都必须干净利落地说明问题，任何含糊和拖泥带水的报告，都会遭到他严厉的责骂。

摩根和客人会面的时候，会直接问来客或下属有什么事，然后简明扼要地交代三两句重点或大原则，就把来人打发了。他也很少和人客套寒暄，除非是某个十分重要的人物，他才说几句客套话。他还有个原则，就是与任何人聊天的时间不超过 5 分钟，即使是总统来了，他也一视同仁。

因为对时间无比珍惜，摩根还练成了一个绝招，就是拥有洞察人心的能力。当有人来找他时，他立即就能判断出此人找他的真正意图是什么，所以他能够做到在一见面时就很干脆地告诉对方处理事情的办法以及步骤。他的这种洞察别人内心的本领，在华尔街让人敬服并且令人害怕不已。

犹太人经商格言中，有一句叫"勿盗窃时间"。这句格言，既是关于赚钱的格言，又是犹太人经商礼貌的格言。所谓"勿盗窃时间"，是告诉犹太人不得妨碍他人一分一秒。在犹太人看来，时间就是生活，时间就是生命，时间就是金钱。

钱不可以随便用

犹太人普遍坚持钱不能随便用，钱一定要用到最需要的地方。犹太人坚持这种观念的原因，是他们清楚"支出"和"欲望"二者之间的关系。犹太人说用钱的人应该是一个能够控制自己欲望的人。

犹太人认为欲望就像野草，农田里只要留有空地它就生根滋长，繁殖下去。欲望就是如此，只要你心里留有欲望，它就会生根繁殖。欲望是无穷无尽的，但是你能满足的却是微乎其微。人们要仔细研究自己现在的生活习惯，你们认为有些是必要的支出，但经过明智思考之后便会觉得可以把支出减少，甚至可以把它取消。

世界上流行这样的说法："犹太人是吝啬鬼。"此说法有一定依据，但也是一种误解。作为商人，如不精打细算，不爱惜钱财，怎能获得经营的利润呢？

犹太人的背景和所处的职业地位，使他们形成对金钱如下的看法：

赚钱不难，用钱不易；

金钱虽非尽善尽美，但也不致使事物腐败；

金钱对人所做的和衣服对人所做的相同；

赞美富户的人，并不是赞美人，而是赞美钱。

这些犹太格言，反映出犹太人对金钱的观念。说到底，犹太人把金钱视为工具。因此，他们不管别人怎么评论与误解，两耳不闻窗外事，一心埋头把钱赚。

对金钱除了爱之外，还要惜，也就是说，除了想发财外，还要想办法保护已有的钱财。用现代的流行语说，要"开源节流"。犹太人这些金钱观念是很有哲理的，这是犹太人经营致富的一个奥秘。犹太富商亚凯德说："犹太人普遍遵守的发财原则，那就是不要让自己的支出超过自己的收入，如果支出超过收入便是不正常的现象，更谈不上发财致富了。"

犹太人特别是犹太商人十分注重节俭，他们不管多么富有，绝不会随意挥霍钱财。在宴客中，以吃饱吃好为原则，不会讲排场乱开支；在生活中，以积蓄钱财为原则，不会用光吃光，手头空空。

犹太人测算过，依照世界的标准利率来算，如果一个人每天储蓄 1 元钱，88 年后可以得到 100 万元。88 年时间虽然长了一点儿，但每天储蓄 1 元，大都在实行了 10 年、20 年后，很容易就可以达到 100 万元，因为这种有耐性的积蓄，就会得到利用，由此便得到了许多意想不到的赚钱机会。

犹太人的用钱观念总结起来可以这么说：努力挣钱是开源的行动，设法省钱是节流的体现。巨大的财富需要努力追求，同时也需要杜绝漏洞，这正如古人说过的"泰山不让土壤，故能成其高；河海不择细流，故能就其深"，世界上有许多犹太人成为大富豪，就是因为犹太人有可贵的勤俭精神。他们成为屈指可数的大富豪后，仍坚持节俭，保持着犹太人特有的爱惜金钱的精神。

想有尊严就要有钱

在驻日美军某司令部，犹太裔士兵们总是被白人士兵歧视，根本没有尊严可谈。犹太裔士兵只要走过，白人士兵都看不起他们，任何人都可以随便挖苦犹太裔士兵，犹太裔士兵很无奈。

有个叫威尔逊的犹太裔士兵，他的军衔很低，遭遇到的歧视就更多了。大家都看不起他，背地里经常议论他，各种侮辱他都尝过，但是他拥有智慧的头脑。威尔逊一开始口袋里也没有钱，他就省吃俭用，积攒了一小笔钱，然后进行自己的借贷计划。

白人士兵总是喜欢大手大脚，他们总是等不到发薪水的时候就囊中羞涩。他们看到威尔逊有钱，就开始向威尔逊借越来越多的钱。威尔逊就借钱给他们，同时还要求他们在一个月内还清，且附带高额的利息，但是士兵们管不了那么多了。

威尔逊收取了利息之后再放出钱。对于没有钱可还的人，威尔逊就让他们把一些值钱的东西作抵押，再把这些东西卖出很高的价。

这样，过了没多久，威尔逊的生活就已经富裕了，他还买了两辆车和一套房子，变成了士兵里的"大款"。高级军官也未必能享受这种待遇。那些经常过山穷水尽、灰头土脸日子的白人士兵，对威尔逊都羡慕不已，威尔逊的尊严就回来了。

在威尔逊生活的环境中，有了金钱，你的生活方式就被大家仰慕，便有了大家对你的恭维和羡慕；你还有了发言的权利，"人们会听富有的愚人的话，而贫穷的智者的箴言却没有人去听"。

今天，在某些人的眼里，人生价值是被金钱衡量出来的，金钱甚至已经成为唯一的衡量标准。

犹太人有着长期经商的传统，尽管别人只是把钱当作工具，但在商人那里，钱永远是商业活动的最终争取目标，成败的最终标准也就是这个因素。犹太人对金钱几乎到了顶礼膜拜的程度。他们在大地上流浪了2000多年，没有自己的土地，也没有自己的国家，他们只能在异国他乡寄居生存。经商赚钱是他们唯一能掌握的本领，金钱在这个世界上无疑成了万能的"上帝"，它使得犹太人能够生存，而且能为犹太人争得权力和地位。

他们流浪到各地，权力、地位、尊严都已经没有了，但是他们有钱。有了钱，他们就获得了统治者眼中的价值，生存的条件就被创造出来了。只有金钱可以给他们提供一点保护，让他们感觉到安全。当统治者驱逐他们的时候，金钱就可以换取别人的收留和保护；当当地人发起反犹暴乱的时候，他们求得生路的方法就是金钱；他们外出做生意遭到土匪抢劫的时候，能够赎回他们生命的只有金钱。金钱对于犹太人来说，是他们能看得见、摸得着、实实在在的"上帝"，是能够对自己进行永久的保护、让自己平安的"上帝"。金钱，让世间的权势们都匍匐在他们的脚下，使犹太人开始站立在地球上，重新获得世人的尊敬。

可以说，在历史上，犹太人的保护神总是金钱。比较著名的当数20世纪70年代末的"摩西行动"。自古以来，黑人犹太人就是埃塞俄比亚犹太人，他们自称"贝塔以色列"，意为"以色列之家"。为了让埃塞俄比亚犹太人回家，犹太人先通过边境到达苏丹，然后再由苏丹返回以色列。但是苏丹政府对以色列抱有敌视态度，为了让其同意以色列接运埃塞俄比亚犹太人，以色列政府采用了赎买的方式。以色列这时候请求政府援助，一方面也以差不多3000美元一人的费用，向苏丹支付了6000万美元的赎金。这是世界犹太人捐出来的。

这次行动被称为"摩西行动"，接回以色列的有1万多名犹太人。由于行动是在苏丹政府默许的情况下进行的，这件事情必须比较隐秘才行。在这个关键时刻，以色列政府得到了一个真正的犹太商人——乔治·米特尔曼这位百万富翁的帮助。米特尔曼拥有一个航空公司——跨欧洲航空公司，他们对于苏丹内部的情况比较了解。米特尔曼同意将公司的飞机交由以色列政府自由支配，以保守秘密。

后来，运送犹太移民的情况大量泄露，苏丹通道被关闭。从 1979 年起到 1985 年上半年，回到以色列的只有 1 万多人，另有 1 万名犹太人仍滞留在埃塞俄比亚。这意味着每一个犹太人从苏丹返回，政府便支付了 6000 美元的费用。以色列以政府名义赎回本国公民，这是一次得到了很多帮助的活动。可见，钱对犹太人来说，绝不仅止于财富的意义。钱居于生死之间，他们生活的中心地位就被其占据了，这是他们事业成功的标志，这样的钱必定已具有某种"神圣性"。这也说明金钱的作用和地位很重要。

由于历史和宗教的原因，犹太人总是生活在动荡不安中。在遭受异族排挤时，在面临反犹分子的血腥杀戮时，他们总是利用自己的金钱力量——现实的"上帝"。这时，我们或许能明白犹太商人不惜一切代价赚钱的真正原因了。他们赚钱，是为了生存。

荷兰在 17 世纪是典型的资本主义国家。当时，荷兰一方面已经摆脱了西班牙的军事政治统治，另一方面摆脱了宗教的干涉和纷争。荷兰的商业发展得十分迅速，它的资本总额比当时欧洲其他国家的资本总额还要多。1654 年 9 月，"五月花"号航船到达了阿姆斯特丹地区，这个地方是荷兰西印度公司的主场地。"五月花"为北美带来了第一个犹太人团体——23 个祖籍为荷兰的犹太人，他们来到这里是为了逃避惩罚。但当他们筋疲力尽地抵达这里时，出于宗教偏见，当地行政长官不想帮助他们，而是要他们继续向前航行，并呈请荷兰西印度公司批准驱逐这些犹太人。

但是，让这个行政长官施托伊弗桑特没有想到的是，荷兰已经不是以前的样子了，犹太人也不是毫无权力和任人宰割的。这些犹太人不仅开始讲道理，还设法与荷兰西印度公司中的犹太股东取得了联系。在施托伊弗桑特的"雇主"——这位犹太股东的有力干预下（荷兰西印度公司对犹太股东的依赖远甚于对施托伊弗桑特的依赖），这个小行政区的长官不得已只好放弃，准许犹太人留下，但保留了一个条例：行政区或公司不允许犹太人给他们增加负担，应由他们自己设法救济。在犹太人眼中这是一个无意义的条件，因为自打流散以来，犹太人就没有向基督教会乞讨过，他们照顾自己的能力足够了。这些犹太人就此定居下来。

众所周知，经济是政治的基础，但是政治对经济具有反作用。精明的犹太商人早已参透了金钱与权力之间的玄妙关系。他们用金钱换来政治上的发言权，又倚靠政治资本，在商场上肆意驰骋。在《美国亲以色列势力内幕》一书中，美国政治活动家保罗·芬德利列出来了第一章的标题，也是他对美国犹太人院外活动组织"美国以色列公共事务委员会"（简称"美以委员会"）的称呼，我们仔细看这个称呼的时候，不难看出美国犹太人对美国政府最高决策层的决定性影响。如果引用一句书中的话来说就是："美以委员会实际上已有效地控制了国会所有的中东政策行动。这句话并没有夸张的成分。参众两院的议员，几乎所有人都满足了他们的要求，因为多数人把美以委员会视为一股政治势力在国会的直接代表。一位议员能否连任，这股势力是有话语权的。"

　　毫无疑问，美国犹太人的力量就是这股力量。说得更明确些，就是由美国犹太商人的经济权力衍生出来的政治权力。全世界犹太人中美国的犹太人占40%，但以其600万人口的数量，只占美国总人口的3%，占投票人的4%，议员的连任资格是凭什么决定的呢？凭的就是他们手中掌握的大量金钱。在犹太人的历史上，金钱能够保证他们更好地生活。金钱可以在他们被异族追杀时买通别人以得到收留；金钱能够在恰当的时候得到尊严，得到尊敬……金钱对于犹太人来说是如此的重要。因此，金钱被视为"上帝"也就不难理解了。

做生意要有诚信

在犹太经典中，充满了关于商业道德的条款。其中最具有警世意义的是："人死后来到天国，进天国之门最先被问到的一句话是：'你从事商业活动，一向正直、诚信吗？'然后再问你生前做了哪些祷告、做了多少慈善活动、帮助过多少人？"过了上帝验收的关卡，才有可能进入天堂。

如何做生意才算正直和诚信呢？经典中进行了说明。例如："将剩下的布料还给客人的裁缝师、不欺瞒客人斤两的肉商、使用质地好的皮革的鞋商，来世都将过着比拉比更为优裕的生活。"拉比在犹太人中社会身份高，深受敬重，这样的比喻就是至高无上的恭维。

犹太商人有三忌：夸大宣传、囤积居奇、斤两有误。

为了诚信，必须做到童叟无欺。经典的格言明白地训示商人："不得将陈腐的蔬果放在新鲜的蔬果上面出售。"这是针对一般商家容易犯的错误发出的警示。自以为聪明，可以鱼目混珠，将次等货顺便脱手，这是大忌。

为什么犹太人如此讲究诚信呢？因为在犹太人心目中，做生意绝不只是为自己谋利益，而是以满足人们的需求为目的。要达到这种双赢境界，就要双方正直、诚信，才能达成愉快的交易。

　　有一位德高望重的拉比，得到参观天堂与地狱的机会。他先来到地狱，尽管大家面前有山珍海味，可是刀叉太长，弯着手竭尽全力，却仍吃不到什么，于是大家号啕大哭。天堂的景象则刚好相反，人人拿着刀叉给对方递菜，气氛和谐愉快，大家谈笑风生。

这则故事是在教育下一代，买卖要同时满足自己与客户的需要。一味只顾自己，到头来也照顾不到自己，这是犹太商法必须遵循的基本原则。

　　为了建立正直诚信的商业环境，拉比的任务之一就是到犹太人经营的商店巡视，调查商品的品质与价格是否公正。如果同一条街上，大家竞相削价，拉比会从中协调，直到大家都认为这是合理的价格为止。如果因缺货而导致价格上涨，拉比就得与其他商街的拉比进行协调调货，以维持公平合理的价位。因此，犹太拉比的职责不只是念经。在商业活动中，还要充分了解市场供需关系，再进行协调，这是犹太社会的特色。
　　从事商业活动有时不免要发生纠纷，这时候拉比就得担负起裁判的角色，以维持正直、诚信的交易环境。例如，商业上最常见的借贷关系，如果没有立下借据，往往到了还款日，双方为贷款数目发生争执，一方认为没借那么多，另一方却坚持说借了更多的数目。双方僵持不下，只好找拉比明辨是非。犹太人的借贷关系向来是不立借据的。因为任何人都与上帝订了契约，既然借贷是在双方协议之下达成的，就不用再订契约，这是他们的基本想法。

那么出现上述问题怎么办？在没有充分证据的情况下，拉比会如何公断呢？

最常见的一招是将双方请到教堂，拉起一方的手放在《圣经》上，确认借贷的数目。犹太人一旦将手按在《圣经》上就不敢说谎，这是吐露实情的关键时刻。商人并不是对拉比坦白，而是面对上帝，非坦白不可。

手按《圣经》发誓的仪式非同小可。美国总统就职大典，左手按着《圣经》，右手举起，跟着监誓人起誓。这种庄严场面，源自犹太宗教仪式。

犹太人对商业活动的正直要求，也表现在他们的审判制度上。例如商业上最常见的职员卷款潜逃事件，通常依犹太人的法律办事。如果有人偷钱，不会直接把他送进监狱，而是先让他还钱。他们认为与其将人关进监狱，不如想办法让他先还钱，并支付罚金，一般是25%。这一部分收入归教会，作慈善用途。这样一来，犯过罪的一方也就恢复了清白，被偷的一方如果还记恨在心，经常旧事重提，就会被认为没有气量。

除了买卖交易之外，犹太人所从事的服务业也同样表现出诚信的特色。最具有代表性的当推美国旧时代的犹太饭店服务员，他们的服务态度不卑不亢，从来不曲意讨好顾客。对于温和的客人，他们就像守护神一样，极尽所能，做好服务。相反，如果客人态度不好，服务员也不会示弱，如果被惹火了，他们会叫客人马上滚蛋。虽说犹太商人把经商赚钱视为至高无上的使命，但在处事正直的原则下，也不能委曲求全，必要的时候也会作出反击，这也是犹太商法留给世人正直勇敢印象的原因。

从事新闻事业更加需要正直的特性。犹太人在美国新闻事业中之所以能占得一席之地，除了发挥犹太商法的创业精神以外，从事新闻工作的人以追求事实真相为至高使命，也是很重要的因素。

犹太出身的记者白修德，在第二次世界大战期间派驻中国重庆，他对中国形势有了相当程度的了解之后，写出了《中国的惊雷》，对国民政府进行了严肃批评，这是他来中国（先在哈佛大学研究中国问题，追随名师费正清四年，之后派驻中国六年）的精心著作，出版后成为畅销书。作者对中国大陆形势的发展作出了正确判断。如果他缺乏正直的品质，在当时《时代》老板鲁斯全力拥护国民政府的立场下，怎么会写出尊重事实的作品？由于该书产生了深远的影响力，鲁斯甚至这样骂："丑陋卑贱的犹太小子写的那本书。"鲁斯如此露骨的批评，更显示出白修德正直、无畏的特质。

犹太商法处事正直的特质，与百货业、金融业的"品质"

要求极为相符。放眼欧美知名百货业、金融业，其中犹太商人往往都是佼佼者。百货业的特色是商品的品质与合理的价格。让消费者享受购物的乐趣，也是品位的一种展现。美国大的百货公司不下 50 家，半数以上都是犹太后裔的天下。其中历史最悠久、当今世界规模最大的就是梅西。这家闻名于世的百货公司创办于 1858 年，创业者梅西（是贵族派的基督徒，他身后因为经营权的问题，由施特劳斯家族取而代之）是从德国移民到美国的犹太后裔。

本来梅西只从事服饰品的买卖，施特劳斯家族介入后，将欧洲式具有贵族气息的商品，如家具、珠宝、文具、玩具、玻璃、陶瓷器等大量批进，以较为廉价的方式供应市场，打出的口号是：任何商品都可以在梅西找到。事实证明，消费者想要的商品，别家找不到，就必然来到梅西。正因为有了良好的信誉，公司的营业额迅速攀升，终于使它成为美国百货界的龙头。

用借来的钱发财

犹太人喜欢"卖"钱，更喜欢"借"钱，在他们看来，借他人钱财而发财，无中生有，这才是真正的经营高手。犹太商人之所以喜欢开银行、发行股票等，正是希望借他人的钱来发财。那么，无法偿还借款，是债务人着急呢，还是债权人着急？我们也许会毫不犹豫地回答："当然是债务人着急!"犹太商人却会回答："是债权人比债务人更着急。"有个犹太人的笑话是这么说的：

> 一天夜晚，亚瑟在屋里来回走动，心神不宁。
>
> "你为什么还不睡觉?"妻子问他。
>
> "我向雅可夫借了钱，明天上午非还不可。"
>
> "你身上有钱吗?"
>
> "我连一个子儿都没有呢。"
>
> "既然这样，你就睡觉吧。整夜睡不着的，应该是雅可夫而不是你。"

亚瑟妻子的话，实际上也代表了犹太商人的一般看法。

债务人到身上一个子儿都没有的地步时，确实没有什么可怕的了。钱已经用过了，也已经用完了，而且用的还是别人的钱，一点儿没有吃亏。犹太人没有拿命还债的习惯，精明的他们很清楚，拿了别人一条对自己毫无价值的命，却勾销了一笔债务，这太不划算了。所以对于欠债不还的人，讨债人也无可奈何。即使打官司，这钱是否能要得回来也是个问题，又要支付费用、耗费时间。所以，债务关系一旦形成，债权人就处在了某种被动地位，时时担心钱要不回来。如果哪一天债务人破产，最犯愁的可能不是破产者，而是这些债权人。

在犹太商人里，船王洛维格正是巧妙利用别人的钱赚钱的高手。人们一般只知道有个世界船王奥纳西斯，但奥纳西斯与犹太大亨洛维格比起来，简直是"小巫见大巫"。洛维格拥有世界上最大吨位的6艘油轮，其船队约有500万吨吨位，他还经营着旅游业、房地产投资业和自然资源开发业。

洛维格第一次做的生意只是一条船的生意。他向父亲借钱，雇人把一条别人搁置很久沉入海底的长约26英尺的柴油机动船很费劲地打捞出来，然后用了4个月的时间将它维修好，承包给别人，自己从中获利50美元。从这件事中，他明白了借贷对于一贫如洗的人创业的重要性。

可是，青年时期的他在企业界碰来碰去，总是债务缠身，屡屡有破产的危机。他始终没有跳出平常的思维；

达到一种充满希望的新境界。然而就在洛维格行将进入而立之年时，灵感突然爆发了。

他先后找了几家纽约银行，希望他们能贷款给他买一艘一般规格的旧货轮，他准备动手把它改造成赚钱较多的油轮。但是均遭到了拒绝，理由是他没有可用来担保的东西。"山重水复疑无路，柳暗花明又一村"，洛维格有了一个超乎常规的想法。他有一艘仅仅能航行的老油轮，他将这艘油轮以低廉的价格包租给一家石油公司。然后他去找银行经理，告诉他们他有一艘被石油公司包租的油轮，租金可每月由石油公司直接拨入银行来抵付贷款的本息。经过几番周折，纽约大通银行终于答应了他的要求。

这就是洛维格奇异而超常的思维。尽管他并无担保物，但是石油公司却有着很好的效益，且潜力很大，除非天灾人祸，否则石油公司的租金就一定会按时入账。而且洛维格的计算非常周密，石油公司的租金刚好可以抵偿他银行贷款的本息。他的这种巧妙的"空手道"做法看似荒诞，但实际上正是他成功的开端。

他拿到了贷款就去买下货轮，然后自己动手将货轮加以改装，使之成为一艘航运力较强的油轮。他采取同样的方式，把新油轮包租出去，然后以包租金抵押，再贷到一笔款，然后又去买船……这样，像神话一样，他的船越来越多，而他每还清一笔贷款，一艘油轮便归在他的名下。随着贷款的还清，那些包租船全部归他所有了。

洛维格开了借钱之先，后来者更是大有赶超之势，他们借钱生钱的手段更加高明。其中，詹姆斯·林便是一位借他人之钱巧妙生财的奇才。

美国华尔街历来以金融业集中而闻名于世，被称为"冒险家的乐园"。这片土地也的的确确造就了一大批金融奇才和亿万富翁。而且，一些华尔街的金融巨头牢牢控制着全美乃至全球的金融业务。

所以，一般的商人们总是千方百计地打通华尔街上的各道关节，巴结他们中的显要人物，以取得信贷资金或股票上市的机会。这也是无奈之举，因为自己的命运就操纵在他们手里。但是，有人却敢于背道而驰。他不去华尔街寻求帮助，却宁可自己负债数千万美元，吞并在华尔街上市的公司。

詹姆斯·林出生于一个贫困的犹太人家庭。第二次世界大战结束后，他开办了一家小规模的电气行。由于美国的个人所得税及其他杂税相当高，所以尽管营业收入很高，可一年干下来真正到手的钱却不多。这些钱用来过日子绰绰有余，但对渴望扩大发展的詹姆斯·林而言，却远远不够。

当时，股份公司作为一种新形式，正逐步在美国兴盛起来，政府在税收上也给予了一定程度的优惠。詹姆斯·林看准了这一点，决定与他人合办股份公司。

一开始，他向证券公司申请成立股份制公司。但证券经纪商和投资银行都瞧不起这个毫无背景的小人物，他们认为一个小小的电气行是不可能公开发行股票的。詹姆斯·林的申请被认为是异想天开。但没过多久，金融界人士才发觉他独自一人动手办妥了一切法律手续，把电气行改为林氏电机工程股份有限公司，获准发行80万股普通股票。

根据股份公司内部股权的规定，允许他个人持有一半的股份。其余的一半即40万股以每股2.5美元公开上市，也就是说，如果股票全部售出，就可获得100万美元的现金投入。可是谁会把赌注放在一个小商人身上，去购买前景渺茫的股票呢？证券商们因此断定詹姆斯·林必将失败。在他们看来，没有他们出马，股票发行将无法进行。

这些自鸣得意的证券商搞不懂的是，詹姆斯·林不按他们的一贯方法行事，却找了一帮朋友替他做口头宣传，而证券商们平时总是以电话和挨家挨户推销的方式发行股票。其实，这是他经过充分比较之后作出的决定。打电话及上门推销的方式虽然有效，但开销太大，进展缓慢。思维独特的他想出了一个方便有效、费用低廉的推销方法。他和他的朋友们出乎意料地出现在工业品博览会上，向来宾们散发公司将发行股票的传单。此举果然奏效，在短时间内，他的股票全部售完，令那些保守的证券商大吃一惊。

在这一独特而又大胆的策略运用下，他不仅拥有了大量的发展资金，而且还为其公司及个人拥有的股权建立起全新的高水准的市场信誉。

接着，在风云变幻的市场竞争中，詹姆斯·林又独辟蹊径，在短短几年间一举买下了3家公司，资产总额扶摇直上，到1960年已达数千万美元。在其他中小型公司互相吞并、苦苦挣扎之时，林氏公司却脱颖而出。

　　在我们惯常的思维中，只有拥有了雄厚的资本，才能有所作为。而善于经营者，却能在法律允许的前提下，借钱赚钱，空手套白狼。不同的思维模式，或许正是平庸与非凡的界限吧。

钱带来生命

人们都在问，犹太人的生命为什么会如此顽强，历经劫难而不灭亡？答案或许就是一个字——钱。

犹太人认为，钱不过是交易时的一种符号和媒介，我们看见、触摸到的只是钱的暂存形式，并不是钱本身，钱的最纯粹形式是信用，它在银行存簿划来划去的过程中存在，但谁也没见过信用长什么模样。况且，钱并不就等于财富，黄金也好，钻石也好，都只是代表财富的原始形式，但不方便携带和换算。

在大家眼中，通常现钞或纸币才能算是真正的钱。事实上，纸币只是一种信用符号，对纸币的认可，其实是对某个发行纸币国家信用的肯定。例如你买美元，事实上是买对美国发行美元能力的肯定；而你拿美元去消费或交易，人家会收美元，也代表人家相信你手上拿的美元纸钞，可以得到美国政府的肯定和保证，可以换取等值的物品或其他货币，而不只是一张纸。

这样的观念或许令人大感意外，其实，这种意外只能证明：那些感到意外的人，尚未达到犹太人看钱的那种超然层次。任何在潜意识中还无法接受钱的现实面的人，都不算是真正的犹太人。

事实上，在犹太人尤其是犹太商人眼中，那些为了取得钱财上的成功而放弃犹太信仰的人，仍然会被别人视为犹太人，只要他们骨子里还拥有犹太人对钱的超然观念。

在著名的犹太银行家中，伦敦的哈姆勒、纽约的贝尔蒙特、柏林的布莱希罗德都信奉了基督教；北美获利最大的出版商——纽豪斯报馆的所有人塞缪尔·纽豪斯，只雇用非犹太人的编辑或发行人；甚至那些已经在全美知名大学中获得学术地位的教授，也有许多人已不再把自己当作犹太人了。

然而，世人仍把他们都看作犹太人，而且根本不理他们的宗教信仰是否发生过变化。相反，或许是从这种为争取成功而不惜牺牲其他价值的行为上，人们找到了界定犹太人的标准。

这意味着，在生物学基因不足以界定犹太人的民族身份而必须辅之以宗教的时候，我们发现，单单是宗教信仰也不足以界定犹太人的文化身份，而必须从他如何追求成功、如何对待金钱上去认定。因为那才是最直接也最有说服力的一种检验方式，才能确定一个人是不是真正的犹太人。

自从犹太人大规模流亡以来，尽管从绝对数量上说，犹太人毕竟与一般民众一样，较多地从事农工畜牧的生产活动，但作为寄居城市的独特生存状态，犹太民族始终保持着一个商人民族的身份。

当然，这是有着特定历史背景的，在相似的社会条件下，如亡国或受迫害等，生存下来的民族，绝不仅仅是犹太民族一个，但唯有这个民族走上了专业商人的道路，而且还极其顺利，尽管屡遭驱逐甚至杀戮，被一再剥夺得两手空空，但只要有机会，犹太人就可以透过商业活动，通过任何和钱打交道的活动迅速崛起，在繁荣当地经济时，自己也富裕起来。

这犹如沙漠中一颗晒干的种子，只要一场小雨，马上就会萌芽而茁壮成长起来。甚至可以说，一个地方的商业就像一颗晒干的种子，只要犹太人的春雨一到，马上就会繁茂起来。中世纪欧洲各国就是借犹太人来发展商业，尤其是法国，竟在 200 年中 6 次招徕犹太人又 6 次驱逐犹太人，犹太人简直成了他们发展本国商业"招之即来、挥之即去"的提款机。

用一个日本商人的话来说：信仰犹太教的犹太人，做生意确实有一套本领。生意人如果都去做犹太教的信徒，那么世界上就不会有战争，人人都可以赚大钱，世间就变成了乐园。也许几百年后，地球上所有的人都会成为犹太教的信徒。

从这个层面来看，我们可以发现犹太人能够幸存下来的关键：只要有钱流通的地方，就自然地需要犹太人，因为大家少不了他们，大家都需要他们的财富。

一切开支须有预算

不要把支出和各种欲望搅在一起。每个家庭都有不同的欲望，可是这些欲望是每个家庭的收入所不能满足的。因此，你不可把你的收入花在不能满足的欲望上，因为许多欲望是永远不能满足的。

"你们有人向我提出这个问题，"他说，"如果一个人的全部收入还不够必要的支出，他如何能够留下十分之一的金钱作为储蓄呢?"这就是亚凯德第一天上课时向学生们所说的话。

"昨天带着空钱包来上课的有哪几位同学?"

"我们全体同学。"全班学生齐声回答。

"可是，你们的收入也未必完全相同，有些人收入较多，有些人收入较少，有些人家庭负担较重，有些人家庭负担较轻，但有一个共同之处：大家的钱包都是空的。我现在要提出一个我们和我们的儿子都要遵守的发财秘诀，那就是：不要让我们的'支出'超过我们的收入，如果'支出'超过收入便是不正常的现象。

"人常为不能满足的欲望所愁苦。你们以为我有这么多的金钱。一定就可以满足每个欲望了吗？这种思想是不正确的，我的时间有限，我的精力有限，我能到达的路程也有限，我吃进胃里的食物也有限，而且我的享乐范围也有限。

"我说欲望好像野草，农田里只要留有空地它就生根滋长，繁殖下去。欲望也是如此，只要你心中留有欲望，它也会生根繁殖。欲望是无穷尽的，但是你能满足的却十分微小。

"你们要仔细研究现在所过的生活，你们认为有些是必要的支出了，但经过明智思考之后便会觉得可以把支出减少。也许觉得可以把它取消。你们要把这句话当作格言：花出 1 美元，就要发挥 1 美元 100% 的功效。

"因此，当你在泥板上面刻制法典准备换取支出费用的时候，你要根据支出和储蓄原则，慎重使用收入购买必需品以及可能需要的物品。把不必要的东西全都删除，因为那是无穷欲望的一部分，而且不可反悔。

"把一切的必须开支作一次预算，切记不要动用储蓄的 10% 收入，因为那是致富的本源。你要养成储蓄致富的意志，保持只支出预算，预算须作有利的调整，调整预算能帮你保住已经赚得的金钱。"

有一位学生站起来说："我是一个爱好自由的人，我觉得这样并不好，因它限制购买实物的金钱数目，使我变成背负重担的驮驴。"

亚凯德回答："朋友，是谁决定预算呀？"

“我自己决定预算。”那位学生说。

“照你所说，难道驮驴会在钱包里面藏着宝石、贵重地毯和大量金条吗？当然不会的。驮驴只会在背包中藏些稻草、五谷和在沙漠旅行时必需的水袋罢了。

“预算的用途是要帮助你发财，是要帮助你获得一切必需品，如果你还有其他愿望，预算也可能帮助你达成这些愿望。唯有预算才会使你摒弃不正确的欲望，而实现最渴求的愿望。黑洞中的明灯，它会照亮你的眼睛使你看清黑洞的真正情况，预算就好像那盏明灯，它会照出你钱包中的漏洞，使你知道缝补漏洞，使你知道控制支出，把金钱用在正当的事物方面。”

让孩子认识到钱的重要性

《塔木德》中说：如果世界上所有的苦难都集中到了天平的一端，而贫穷集中到了天平的另一端，那么，贫穷将比所有苦难和痛苦都沉重。

作为一个真正的犹太人，除了自己理解并懂得金钱的价值之外，最为重要的义务就是要把这些知识灌输给孩子们，让他们认识到金钱对人生的重要性。

1. 什么时候向孩子解释钱的价值与用途

在孩子3岁的时候，父母就可以向孩子解释金钱的用处了。解释你为什么和怎样购买商店里的各种商品。向孩子说明金钱是必要的，金钱来自劳动，不是通过魔术从自动取款机中变出来的。

2. 孩子为你做了一件事情，你需要向孩子支付报酬吗

在给孩子分配劳动之时，要让孩子明白所有人为家庭做事，都是在为家庭的繁荣做贡献。父母不应该为孩子所做的每件事支付报酬。在给孩子安排工作之时，最好把一些工作

定为没有报酬的，同时让孩子明白有些事情是家庭的一部分，是不可以赚钱的。当你的孩子为了某项特别的活动需要钱时，可以让他们通过一些特别的工作赚钱。

随着孩子一天天长大，零用钱也开始增加，父母要求孩子把他们自己的钱用在某些事情上。这笔钱可以用于看电影、购买书籍或用于其他娱乐活动。有位母亲说她的儿子想要一只售价为 80 美元的球，她为他支付了 40 美元，其余的钱他得自己去挣。他到邻居家去打工，大约过了两个星期他就挣齐了这笔钱。他为自己感到自豪，这只球也成了他的宝贝。他之所以精心爱护他的球，是因为他对它拥有相当大的自主权。

3. 需不需要向孩子说明储蓄

在犹太人家庭中，90% 以上的孩子在不到 10 岁时就理解了储蓄的意义。父母要知道孩子都是即兴消费者，要鼓励孩子把他们收入的一部分储存起来，父母也要做同样的事情，为孩子树立一个榜样。

4. 怎样向孩子解释支票

孩子在 15 岁左右时，就可以拥有一个限额的支票账户和一张限额的信用卡了。父母在控制着孩子的金钱开支的时候，就可以教他们使用这些工具。

5. 怎样教他们赚自己的钱

对于孩子们来说，让他们懂得金钱的最好方法是在他们到了合法的打工年龄之时，让他们通过自己的工作赚钱。父母可以帮助孩子找一份安全、时间合理、劳动强度不大、同事友善的工作做。让孩子明白有自己的收入是建立他们自尊的巨大基石。

6. 需不需要设立财政目标

讨论支付孩子们上大学的费用与各种计划，讨论孩子们大学中的奖学金和资助项目，让孩子学会计算学费和生活费。

7. 父母要不要过分强调金钱

孩子们需要了解金钱及金钱的价值，他们需要懂得怎样去赚钱和花钱，但是不要让孩子对金钱顶礼膜拜。给孩子支配部分金钱的权利。

8. 怎样给孩子进行商品消费和售后服务方面的教育

带孩子逛商店时，让孩子们比较各种商品的价格，说明你为什么会选择某些商品，通过让孩子们阅读一些图书和报纸让他们明白各种广告，并让他们明白什么叫通货膨胀。教孩子在购物时货比三家，这也是一个省钱的办法。

9. 怎样教孩子做家庭预算

父母向孩子解释一笔不多的钱怎样被分派到食物、穿着、公用事业、物业管理、汽车开支等方面，包括家中年龄较大的孩子的财政计划，让孩子写下每个月各种家庭开销及他们自己的各种开销。

了解财富的价值

　　你可能想知道，自己只是想提高收入，但是为什么需要了解各种信息呢？请大家记住，了解信息还远远不够，我们必须把它们记在脑子里。

　　价值和其他东西不一样。看到旧玻璃罐子，很容易就可以测量出它的重量。做法很简单，我只需找到一个精确的天平即可。利用刻度尺，可以测量出它的高度。通过简单的运算，可以得出其体积大小。不管把玻璃罐子移到哪里，不管它在地球上的哪个角落（即便在太空中，它的质量也不会发生变化），它的重量、高度和体积都不会发生变化。

　　玻璃罐子的价值就不同了。没有任何仪器可以帮助我们测量它的价值，只有人类建立的市场才能体现它的价值。遇到只注重实用功效而不在意审美价值的人，即便是著名的玻璃艺术家戴尔·奇胡里制作的玻璃罐子也会变得一钱不值。只要找到更大或更结实的罐子，这些人就会把戴尔·奇胡里制作的玻璃罐子扔到一边。但是，对艺术品收藏家而言，这一玻璃罐子具有极大的价值。如果这一玻璃罐子是朋友或家人送给他的，那么它的价值就更大了。与长度、高度、体积等外在参数不同，价值是无形的，并且因人而异。

物品价值的上涨并不会伴随着其外部特征的变化，这一点可能令人非常费解。如果在已经满载的船上再加上50吨小麦，那么这艘船所运货物的价值显然出现了增长，这一点非常容易理解。但是，如果购买这些小麦的商人碰巧知道某地急需小麦，那么这些小麦的价值也会出现上涨——尽管这种交易可谓乘人之危。

这可能正是商人有时会遭人嫉恨的原因。在第二次世界大战前的英国，称某人为"商人"是一种侮辱与蔑视。这些人以神秘的方式积聚了大量财富，并与贵族阶层建立了密切的关系。20世纪伦敦经济学院教授、奥地利经济学家弗里德里克·海克曾说过："不管人与物品的关系如何，价值都不是物品自身拥有的特点或外在特征。价值反映了人与物品的关系，而人类正是在这一关系的基础上对物品的价值进行了判断。"

只有了解了人们愿意用什么来交换某一东西之后，才能判定它的价值。很多人在偏僻的农村收购旧家具，然后拿到城里的古董店去卖。他们这样做可以赚取巨大的差价。农民们愿意把旧家具卖给商人，而不是自己运到城里去卖，因为他们不知道哪些能够卖掉，哪些还要拉回来。

19世纪维也纳大学的经济学教授卡尔·门格尔认为："人类维系生活需要一定的物品"，价值是"人类对其重要性的判断"。

价值是人类对物品重要性的判断。但是，就某一物品的价值，人们很难达成共识。如果人们能够达成共识，那就没有必要进行交易了。如果在你我看来某一物品或商品的价值是一样的，那么我们就没有必要进行交换了。关键在于，人们在不同的时间、不同的地点对同一物品的定价是不同的。

犹太文化阐述了经济创造力和人类的独特性之间的关系。

现在，美国联邦调查局运用指纹识别技术查找罪犯，而千百年前的犹太人就曾提出过疑问：为什么上帝要将人类的独特性标记在指尖上呢？每个人都要拥有独一无二的标志，这一点无可厚非。上帝曾宣称要按照自己的形象创造人类。"按照自己的形象"是什么意思呢？这一目标几乎无法实现！在犹太学者看来，这意味着人类在两个方面和上帝非常类似：（1）在所有生物当中，人类是唯一具有创造性的；（2）像上帝一样，每个人都有其独特性。

上帝巧妙地将人类的独特性和创造性都标记到了我们的指尖上。

1570年，一位著名的犹太学者——生活在布拉格的耶胡达·洛拉比曾说过：尽管物品的价值取决于其与人类的关系，但是它们的价值也因时间和地点而异。也就是说，人类对物品的定价也因时空的变化而异。耶胡达·洛拉比认为，把时空当作一个概念便于人们的理解。300年之后，爱因斯坦提出了相对论。赫尔曼·闵可夫斯基指出，只有把时空当作一个整体时，我们才能理解爱因斯坦的宇宙观。"从今以后，空间和时间就要渐渐消失了，取而代之的是时空的组合。"犹太人认为时空是联系在一起的，他们在制定商业发展策略时也会以此为依据。犹太人认为：发挥创造力，满足人类独特的需求就能带来财富的增加。

体力劳动并不是唯一能够操控时空的方式。没有必要让所有人来塑造、打制、开采、种植或建设某一样东西，也没有必要让所有人来运送或储藏该东西。我们可以通过掌握信息、进行交易来有效地操控时空。通过与其他人进行交易，我们就能积累财富。

爱惜你的钱

犹太人致富的秘诀不单单是精于做生意，还与他们平时注重节俭、不乱挥霍金钱密切相关。

洛克菲勒致富后有一个最珍贵的传家宝，那就是节俭。节俭可以说是洛克菲勒致富字典里一个极其重要的词语了。

出身贫寒的洛克菲勒从童年时代开始，就有一个雷打不动的习惯——记账。他会把每一个铜板的开支都记到账本上，让自己确切地掌握自己的收入与开支情况。

洛克菲勒刚步入商界时，曾因经营严重缺乏资金而举步维艰。为了让自己有起家所需的最低限度的资金，洛克菲勒一手抓好赚钱的同时一手抓好攒钱，双管齐下，经过几年对手头资金的有效管理，洛克菲勒获得了一小笔投资资金。然后，他把这笔钱用于经营煤油生意上，并把盈利的大部分积累起来，再扩大经营规模。就这样，经过循环的经营和管理，洛克菲勒的经营资本就像滚雪球一样越滚越大，生意也越做越大。经过 30 多年的"节俭"经营，洛克菲勒终于成为世界上第一个亿万富翁，他的公司也成为世界上第一个托拉斯。到 1996 年，洛克菲勒财团下的石油公司年营业额已达 1100 多亿美元。

洛克菲勒白手起家，留给他的后人的不仅仅是巨额的财富，更是教会了他们聚敛财富的方法。为了防止自己的子女养成挥金如土的习惯，洛克菲勒将他的节俭经验当成传家宝传给他的子女，从小他就培养孩子们节俭的习惯。为了培养孩子们节俭的习惯，洛克菲勒煞费苦心。一方面不时地将自己节俭的观念灌输给孩子们，另一方面在实际生活中对孩子进行磨炼。比如，他让孩子做具体的家务活，给他们每一项劳动支付具体的工资数；为了鼓励孩子们节约，他给孩子们发奖金，而这些奖金便是孩子们平时节约下来的开支，这一招非常有效，洛克菲勒 13 岁的女儿为了得到节约煤气的奖金，只要看到没人在用煤气灯，就会主动关小它，避免浪费，而节约下来的煤气钱自然也就被她挣走了。

因为既善于经营又善于节俭，洛克菲勒家族总是排在世界巨富的前列，财富有增无减。

慈善是真正的财富

　　提起慈善，很多人会不以为意，认为慈善不过是有钱人假惺惺地做姿态而已。不可否认，现在确实有那么一些假慈善的人或者机构，试图打着慈善的幌子从中获取一些利益。不过，除去这些卑劣的小人，慈善依然是一个值得人类发扬的美德。从另一角度来看，把可以自由支配的钱财分给那些需要帮助的弱者，慈善则是一种最明智、最善良的理财方式。

　　犹太民族是具有悠久历史的民族。一直以来，慈善都是犹太人恪守的一项传统。久而久之，便成了这个民族的习惯。

　　犹太人捐款的时候，是不根据自身的贫富而决定捐款数目的，他们不会在捐款之后权衡自己的得失。即使本身已经很贫困，他们也还是乐于从自己的口袋中掏出所需品分给别人。

　　所以这个民族在经历了那么多年的流离失所之后，还是顽强地生存下来了。他们彼此之间相互扶助，同时和世界上别的民族之间也传递着博爱的精神。虽然历经痛苦，遭受压迫，可是他们的习惯并没有改变。

　　艾立麦来科拉比是波兰里塞斯库这个小村庄里最有

权威的指导者。他的反对者制造谣言，说他将钱私吞。他们把这个谣言在大街小巷传播，企图使他的权威扫地。

艾立麦来科拉比对此没有去辩解，倒是他的一个弟子给村长写了一封信，来证明老师的清白："尊敬的村长，托拉比这位有情有义人的福，我们平民百姓能够安定地生活。我的个人生活可以说是犹太人生活的一面镜子。我每天早晨起来祈祷，中午倾听人们诉说自身的困惑，到了深夜，还要接待络绎不绝的造访者……艾立麦来科拉比对金钱看得很淡，所以对拉比的中伤也是毫无根据。每天晚上，老师的口袋里面一分钱都剩不下。他接济贫穷的寡妇和孤儿，他慷慨地赠送贫穷学生书籍，他为不相识的年轻人操办婚礼，他为成为人质的犹太人交付赎金。老师就是这样忘我地为人们尽心尽力，还有谁能这样地将大家的事情放在心里呢？老师有一点钱，但他要解决的问题大多是钱解决不了的。每次老师都仰天祈祷，希望上帝能够给他一点帮助……"

对于犹太人而言，财产固然重要，但也可以分给真正需要它的人们。所以，犹太人没有把钱看得很重，乐善好施是犹太人的本性。他们并不考虑自己捐的款会怎样被使用，也不会考虑自己能够从中得到什么样的回报，这些慈善活动是出于本能。同时，这些慈善活动也表现了他们正确的理财观念——不做金钱的奴隶。

犹太人的民族意识很强烈，他们不能在同胞需要救济的时候表示漠视。当其他犹太人需要帮助的时候，他们都慷慨相助，不会吝惜身外之物。

1973 年第四次中东战争爆发之际，纽约的募捐晚会在一周内收到的捐款可以买两架战斗机。那些认为犹太人都是富翁的人可能不会相信，那时的犹太人大都十分贫穷，他们是把自己的全部家当都捐了出去才做到的。从有钱人到穷人，犹太人都在为自己民族的生存不遗余力地贡献着自己的力量，这也是犹太人的一个写照。

犹太人正确的金钱观念使他们帮助外族的例子也很多。犹太移民协会开始是为了将欧洲来的犹太难民接到美国而成立的。在 1950 年末，它的使命完成以后，就开始为别的民族服务，免费帮助他们重建生活。

美国犹太人联合募捐会的前任主席保罗·朱克曼曾作过一番经验之谈，很能体现犹太人募捐时的基本思路和方法："一个人永远不应该单枪匹马地去募集一大笔捐款，这是一条公认的原则。要拒绝一个人，特别是一个朋友或邻居，那再容易不过了。如果两个或更多的人一起去，这就不是一个犹太人向另一个犹太人索取礼物——这是整个共同体，是犹太民族在这样做。"

所以，慈善已经不仅仅是一种集体化的行为，更多地代表了犹太民族一种正确的理财观念。不管他是不是亿万富翁，只要别人需要帮助，他就能够自觉地倾囊相赠，这是一种多么崇高的意识啊！

1967 年"六日战争"爆发那天，美国犹太组织在著名宾馆华尔道夫·奥斯特里尔举行的一次聚餐会开始的 15 分钟里，每分钟得到 100 万美元的捐款保证。

在这一天，芝加哥募集到 250 万美元，亚特兰大募集到 100 万美元以上。

在这为期 6 天的战争爆发后的一个星期内，美国犹太人为以色列紧急募集到 9000 万美元。

1973 年 10 月中东战争期间，美国犹太组织募集到 1 亿美元。这一年，美国人购买以色列债券超过 5 亿美元。

在以色列建国头 10 年中，光从美国犹太人那里得到的捐款就达 14 亿美元之多。近年来数额更大，正常年份约为每年 5 亿美元。

从以上的数据我们可以看到，慈善捐款已经成为犹太人的习惯。过去这种慈善活动或许能够视为一种无形的纽带，成为四处散居的犹太人的聚集点。如今，这种优良的习惯已经被一代又一代地传承下来，成为一种善良的理财途径。犹太人以自身的慷慨为世界各民族树立了学习的榜样。

中篇　理/财/法

具备好心态

中国人常说，胜败乃兵家常事，世上没有常胜将军，善胜不败，善败不亡。犹太人对这一点也持相同观点。变幻莫测的投资市场中更是如此。因为投资市场的变化太快，令人防不胜防，因此人们常说"人算不如天算"。人的精力十分有限，再能干的人有时也会疏忽大意，因此，投资出现失利是正常的事情。

厚黑商人的投资心态一般都比较良好，他们对投资赚赔之间的关系看得非常透彻。

对在证券市场中的成功投资者的心理研究，得出结论：

厚黑商人有以下特点：积极的人生态度，积极的赚钱动机，富有理财能力，勇敢承担责任；同时还具备风险控制和耐心。而且成功者对技术因素及市场的理解也比较透彻，应当有能力作出无偏见的选择，有能力独立思考。

失败的交易者普遍也具有一些特点：常常表现得非常紧张，有悲观主义倾向，一旦事情趋坏，总是责怪别人。另外，这些交易者也趋于盲从，一遇挫折就会灰心丧气，极少建立一套必须遵循的规则。

对一些成功的犹太投资人的心理归纳分析，会发现在他们身上往往存在一些共同的特点。这些特点归结为：

（1）每一个成功的投资人都对市场及其运作非常感兴趣。而且，这份热爱并非仅仅是因为市场提供了发财致富的机会，而是因为对工作的执着以及由此而来的挑战。事实上，任何一个过分强调赚钱的人，极可能被这种欲望所毁灭，这种强烈的情绪必将盖过一切维持客观性的企图。一旦投资人意识到这种情况，就要考虑克服这种自然的欲望，明智的做法是，在较小的规模上先用少许的钱进行投资或交易。只有当我们开始欣赏市场以其自身方式提出挑战之时，我们才会处于一种更富于进步性的立场之中。

（2）几乎所有成功的投资人都是孤独者。证券市场的特殊性决定了成功的投资人总是要求采取与大多数人相反的立场，或者与市场中大多数人的一致观点相反。当然，为了做到买低而卖高，仅仅成为一个孤独者是不够的，他们还必须是一个富于创造性、具有想象力的独立思考者。

（3）所有成功的投资人或交易者，都有一套自己的投资理念。虽然"条条道路通罗马"，但起点却各不相同。当考察成功的投资者所遵循的交易和投资方法时，不难发现，他们的目标是相同的，但达到目标的道路却存有极大的差异。在实际投资中，不论投资人采用哪一种方法，只要运行良好，感觉使用方便就可以。树立起一套正确的投资理念，并真正在投资实践中加以运用，这正是成功的投资人超越常人之处。

（4）自律和耐心，这是成功的投资人所具有的两个突出的心理品质。对于一般的投资大众来说，自律和耐心也是重要的，但在实际中却难以做到。自律意味着在不断变化的市场面前仍能坚持自己的投资原则。在短期内做到这一点是容易的，难的是在充满变数的市场中，能够始终进行自我控制，不为一时的诱惑所动摇。自律也意味着减少情绪冲动，不会盲目地在市场中追涨杀跌。

成功的投资人也是一个有耐心的人，成功的市场投资者不会为交易而交易，为投资而投资，也不会仅仅为钱而进行投资。他们常常把更多的时间用于研究而不是交易，在没有出现理想时机的情况下，他们能够极富耐心地等待，一旦时机合适，就会立即采取行动。

当然，厚黑商人也是现实主义者。通常，当市场投资人采取了某个立场，他就会受到这个市场的影响，即使市场的条件已经发生变化，也会坚持自己的立场。然而，厚黑商人则不同，因为他们是现实主义者。当市场条件发生变化，支持原先立场的理由不再存在，他们就会很快认识到这一点，并迅速改变立场以适应市场的变化。他们深知，如果一味坚持原来的立场，就有可能导致损失和痛苦。

"识时务者为俊杰。"这常常也意味着，厚黑商人要严格遵循"尽可能减少损失"的交易原则。对于大多数投资人来说，当一项投资真的变了味时，他们不能勇于承认，而是会坚持抱着一个虚假的希望，认为事情将会变好，比如，当他们所投的一只股票价格不断下跌时，他们会期待反弹，会为自己寻找出一大堆理由以坚持原来的立场，像面临送红派息等。其实，这时应该多问问自己："如果还有资金，是否仍会购买这只股票？"

（5）所有成功的市场投资者似乎都有一种超前思维及预测能力。他们仿佛具有一种非凡的第六感，能够在事情发生之前在心理上进行预演。因此，当投资大众根据现有的条件，普遍认定市场价格的主流趋势仍将继续的时候，这些伟大的投资者已经提前嗅到市场主流趋势将逆转的气息，并据此采取行动。问题不在于他们比普通的投资大众聪明多少，或者他们具有超人的洞察力，而在于他们在长期的投资实践中，不断总结成功和失败的经验，能够训练有素地从即刻的行情走势中发现问题，在对未来事件进行心理预演时，对所有可能发生的事件都加以考察，而不可能发生的事件则予以抛弃。因此，一旦市场的条件发生变化，他们就能够迅速适应，并采取最为有利的立场。

在犹太商人看来，投资的获利性和风险性是相生相衍的，通常获利越高的投资，相应的风险也就越大；但往往较高的风险常伴随着更大的回报率。得失之间，如何判断和预测，则要看投资人的心态而定了。

当然，每个人都希望能在每次投资过程中，获取最高利益而避免身临危机，都能出奇制胜，常胜不败。要达到理想中的目标，犹太商人拟有以下几点原则：

（1）不要把所有钞票放在同一个口袋里。当开始实施自己的投资计划时，千万不要把所有资金全部投注在同一种商品或者同一性质的物品上。可将资金分散，如此，既可分散风险，又可避免血本无归。这是最安全的投资法则。

（2）切莫跟着感觉走。投资市场上，常会出现某种"投资热"，这段时期什么最热门、那段时期什么最抢手等市场趋势。只要有这样的热潮出现，短期内必然有一定数量的资金聚集而不停滞。此时投资人可顺着趋势大胆投资，千万不要凭着自己的感觉逆向而行。

（3）借用他人的智慧和经验。一个刚投身于投资市场的"初生牛犊"，面对五花八门的投资渠道和投资技巧，难免会手足无措，更何况现在全球的投资商品越来越多样化，情报的快捷获取也非一般的投资人所能企及。

因此，想靠个人力量在投资市场上立足无疑是件难事。不妨把资金委托给专门机构和人才，代为决策和办理，也许比自己瞎闯更安全、更可靠。

（4）投资房地产，找个好地段。房地产本身兼具投资、自用和租赁的功能，所以，谨慎选择好地段往往是获取丰厚回报的关键。如交通便利的都市中心，人口流动量较大的商业区、购物区，人气旺盛的旅游区，政府的经济开发区和重点工程区……都是十分诱人的房地产投资理想地段。

（5）知识就是风向标。当投资市场上的某个热潮开始消退时，有人认为机不可失，赶紧跟上热潮退去的脚步狠狠地赚上一笔。尽管此时所能获取的利润很有限，但这毕竟是个难得的机会。若想赚取高额利润，还必须赶在热潮尚未形成之前，便掌握控制市场走向。这种预测的本领又与相关知识和信息设备的先期投入直接相关。有时，知识就引导着方向。

（6）量力而行。每一项投资行为所带来的利润与其风险成正比，高利润的背后必然有高风险存在；相对来说，高风险投资一般能带来高利润。所以，投资者在资金并不充裕的情况下，高风险投资的比例一定不要过高，以确保投资的安全性。

从犹太商人的观点出发，不论你即将投身于或者已经投身于投资市场，都不能忘记随时衡量自己是否允许有大笔资本投资某一项目，随时警惕自己不要游走于弹尽粮绝的边缘。投资最忌讳的就是不顾后果地一头往里钻，这是一种危险的投资行为。因此，任何一个投资人都应有计划、有目标，并做一个胸有成竹、游刃有余的成功投资者。

经商的厚黑之道是，不敢闯者等待机会，敢闯者则创造机会。不敢闯，不敢冒险，就不会赢得利润。

培养广博的学识

在犹太人的智慧教育中，经常强调学习者要具备广博的学识，因为他们深信非学无以广博，非志无以成才，所以在犹太人的智慧教育中，强调要有广博的知识。犹太人是这样认识的，并且也是这样去实践的。他们教育自己的子女如此，在他们自己的人生中也贯彻这一原则。所以与犹太人接触，你会发现他们都是知识面广博且训练有素的人，所以他们的成功也就不足为奇了。葡萄牙商人特里纳对此就深有感触。

特里纳是个很有头脑的商人，年纪轻轻就已经享有很高的知名度，很多人对他赞不绝口。他经营的皮包深得女士的青睐，女士们都以拥有特里纳经营的皮包而自豪，并以此作为自己身份和实力的象征。特里纳还把自己的经营范围扩大到女士服饰领域，也取得了不俗的成绩。如果不是看到经营钻石的犹太人拉里，也许特里纳就会满足了，因为他已经成功了，有红红火火的事业。可是当他认识拉里以后，才明白自己只是一个普通的商人。如果说自己是个商人，那么拉里就是商业家。

钻石经营向来是那种"三年不开门，开门吃三年"的行业，而拉里的经营不仅不用3年才开门，甚至经常出现顾客排队等候购买的场面，拉里的销售订单已经排到5年以后了。面对拉里这种红火的经营，特里纳有些动心，也想经营钻石，可是自己对钻石不是很在行，加上身边很多葡萄牙同行经营钻石生意冷清，有了这种前车之鉴，他决定向拉里求教。

　　这天，特里纳穿戴整齐，来到拉里的家中，向这位奇才请教经营钻石的绝招。

　　拉里耐心地听完他的想法后，冷不丁问了他一句："你知道澳大利亚海域有什么鱼吗？"

　　特里纳简直丈二和尚摸不着头脑，心想：卖钻石和鱼有什么关系吗？莫非拉里不想告诉我其中的经营诀窍？

　　拉里望着吃惊的特里纳，笑了笑说："你一定是在怀疑我不想告诉你经营钻石的诀窍吧？"

　　见拉里看穿了自己内心的想法，特里纳不好意思地点了点头。拉里接着说："其实我的意思是说，经营钻石需要具有相当广博的知识，如果你不知道澳大利亚的鱼有多少种，你就不可能知道澳大利亚的地形地貌，不知道澳大利亚的地形地貌就不会了解澳大利亚的岩石构成状况，那么你就不会知道澳大利亚的钻石是什么样的。"

　　"那好办，我只要看看书就行了。"特里纳说。

　　"实话告诉你吧，犹太人从来不是这样做事情的，犹太人看书并不是把它当作教条，也不是要从书本中寻找答案，而是要从生活中寻找答案。"

“从生活中寻找答案？”特里纳有些吃惊。

看着特里纳惊诧的表情，钻石大王拉里语重心长地说：“钻石虽小，学问却大，不是任何人都能随便发这种财的。做钻石生意，尤其是需要丰富的智慧宝藏，一颗钻石包含了地理、历史、人文等多种知识，如果不懂得这些，就无法判断它的价值。要积累这些判断钻石价值的基本经验和知识，就要不断地学习，这至少需要20年。所有相关的知识你都要了解，才能真正培养出市场眼光。”

特里纳听了，不禁为自己一时的心血来潮感到惭愧。他这才知道犹太人是继承了几千年祖先留传给他们的经验，再加上最新的知识，才拥有了这样丰富的学识，从而赢得了顾客的尊敬和信任，如果没有一二十年的学识和良好信誉，要想做好钻石生意是根本不可能的。

特里纳明白自己的学识没有那么广博，于是很知趣地退出了这个行业，这才没有遭受他的葡萄牙同胞那样的损失。

这就是犹太人，他们做事情就是这样，他们的智慧教育也是如此：从小就要培养孩子的广博知识，这样才能头脑聪明，具备一双独到的慧眼，也才能在生活中游刃有余。

量入为出

《塔木德》上有这样一句格言："宁可一辈子只吃洋葱，也不愿为了饱餐一顿鸡鸭鱼肉而让其他日子挨饿。"精明的犹太人非常重视"量入为出"的原则。

　　犹太商人麦赛福坐在院子的回廊中和一个朋友谈论生活。查尔斯递给了他一根古巴雪茄，然后盯着看麦赛福吐出第一口烟的样子，显然，他是个懂得烟草的真正行家。

　　查尔斯是我们通常说的"够档次"的那种人。他在公司里担任高级主管，开着一辆漂亮的车，加入了他那个层次的俱乐部，抽高级香烟，时常品尝高档酒，婚姻很幸福，三个孩子也非常出色。

　　交谈一直让人觉得很舒服，后来他们谈到了工资收入和日常费用，慢慢地，查尔斯露出了忧郁的神情，原来他的收支不平衡，开销过大。比如：高尔夫俱乐部，每月一次在高档酒店的晚餐，孩子上的私人学校等。随后，他在每一项的后面都加上了"价码"。过了十几分钟后，麦赛福发现中间有一段距离——工资与必要花销之间的差距。

麦赛福觉得自己脑袋后边的头发都竖起来了！"天哪，"他想，"他晚上还睡得着觉吗？"查尔斯每个月都有两三千美元的缺口！麦赛福想了想，继续问他："每个月20号左右你的工资就花光了，然后你怎么办呢？"

"然后我就用信用卡付账。我确实能感觉到生活的压力。"他深深地吸了一口雪茄，漠然地看着远方。

实际上，查尔斯很早以前就"破产"了，他已经养成了那些嗜好，离不开前面讲的那些让他感觉幸福舒适的东西。麦赛福简单算了一笔账，如果他们一定要再这样过上几年的话，查尔斯今后就是一直工作到死也无法还清前些年欠下的债务了。这笔债是他为了追求外表"看起来不错"而欠下的，其实也只是为了给周围那些同样"看起来不错"的人看的。

事实上，很多人都为了与他人攀比而过着入不敷出的日子，他们看着别人开漂亮的跑车，经常享用每顿100美元的晚餐，就忍不住也这样去做，在他们开车和在俱乐部里的时候，他们确实令人艳羡。但是他们中的大部分人都是通过透支才做到这一点的。看一看周围的人，那些过着"高档"生活的人，结识他们并与之交谈，也许你会发现他们中有不少人都面临着与查尔斯同样的窘境。我们每个人都或多或少地想放纵一下自己，给自己和周围的人留下深刻的印象。但是，应该避免用短时间的满足去换取长时间的痛苦，而应该用长时间的富足去换取没有任何负罪感的、支付得起的享受。

最大限度地使用自己的钱

《塔木德》中写道:"一块沉入红海的金子和一块石头没有什么区别。"犹太人不喜欢将存款放在银行,任凭别人来使用自己的钱。他们只会将收入的一小部分存入银行,其他的钱则用来投资。在18世纪中期以前,犹太人热衷于放贷业务,他们把自己的钱放贷出去,从中赚取高利。直至今天,犹太人宁愿把自己的钱用于高回报率的投资或买卖,也不肯把钱存入银行。所以,犹太人不主张以储蓄的方式获利。他们相信自己的赚钱天赋,绝不允许自己的钱放在银行中让别人利用。相反,他们会最大限度地利用自己的金钱,最大限度地从银行借贷金钱,让自己的生意越干越大。

井上夫人已经结婚十年了,夫妻二人省吃俭用,把钱都存到银行中。井上夫人时常向左邻右舍的太太们说:"如果没有储蓄,生活就等于失去了保障。"后来,这个消息传到井上夫人的犹太朋友富凯尔博士那里。他并不欣赏井上夫人这种储蓄的习惯,他在一次谈话中说道:"你看,没有储蓄,就会觉得生活上失去了保障,如此看重物质，成为物质的奴隶，人的尊严到哪儿去了呢？男人每天为了衣、食、住在外面辛苦工作，女人则每天计算如何尽量克扣生活费，将它存入银行。人的一生就这样过去，还有什么意思呢？"

富凯尔博士继续说："犹太人有一个世界闻名的富豪家族叫罗斯柴尔德，他们自拿破仑时代起，就一直维持巨富的地位。在日本人当中，能够找出一位世界上知名的富豪来吗？认为储蓄是生活上的安定保障，储蓄的钱越多，心理上的安全程度就越高，如此累积下去，永远没有满足的一天。这样，岂不是把有用的钱全部束之高阁，使自己赚大钱的才能无从发挥了吗？你再想想，哪有省吃俭用一辈子，在银行存了一生的钱，光靠利息生利息而会成为世界知名富翁的？"

井上夫人问："那你不赞成储蓄了？"

"并不全是这样。"富凯尔博士解释道，"我反对的是把所有的收入都存入银行，而忘记了投资。灵活运用你的收入，使它能赚到远比银行利息多得多的钱。另外，银行里的钱越存越多的时候，你们在心理上觉得相当有保障，便靠利息来补贴生活费，这就养成了依赖性而失去了冒险奋斗的精神。"

适当储蓄，不让钱闲置，这是犹太人的理财观念。他们认为把钱存入银行就等于闲置，因为微薄的利息相比投资赚来的钱根本不值一提。犹太人认为，金钱就是货币，具有流通的作用。金钱的意义并不在于存银行，这样就等于闲置。

正确的方法是让金钱不断流通、不断投资，从而使金钱发挥更大的价值，使其效用最大化。

绝大多数犹太人去银行都是为了申请借贷，而不是为了存取款。难道犹太人没有钱吗？这是一个可笑的问题，犹太人的钱或许比某一家银行的固定资金还要多。那为什么犹太人还是频繁地向银行借钱呢？这是因为他们很清楚钱生钱的道理，只有投入更多的资金，才能得到更多的回报。所以，犹太人除了投入自己的钱外，还四处找银行借钱，投入的资金越多，赚得的利润也就越大。

犹太商人很少在银行存入大量金钱，他们对银行微薄的利息不屑一顾。从经济学的观点考虑，犹太人的这种做法属于现代资金管理科学，也就是俗话说的"有钱不置半年闲"。犹太人的做法表明，钱离开了流通，就失去了它多半的意义。因此，犹太人在做生意时，讲究资金的合理配置，加快金钱的周转速度，减少利息支出，使商品单位利润和总额利润都得到增加。

"埋在土里的金子是石头"，意思就是黄金只有在进行商品交换时才产生价值，只有在周转中才能创造利润。金钱也是一样，失去了周转，不仅不能增值，而且还失去了存在的价值。犹太人认为，如果不能将金钱合理地利用起来，而是存到银行，那就等于赔钱。所以，犹太商人从来不喜欢将钱存入银行，而更愿意从银行借钱，他们拥有明确清晰的投资目标，让手中的金钱一刻不得闲。

很多人习惯于将收入全部存入银行，他们觉得钱放在银行里是最保险的理财方式。不可否认，存款或许是风险性最小的理财方式，但风险小回报就小，精明的犹太商人是绝不会看着银行用自己的钱去盈利的。

那么，怎么做才能使钱不置闲呢？需要考虑以下两个方面：

（1）分析市场行情，选择回报率高的项目进行投资。犹太人善于精打细算，与银行微薄的利息收入相比，他们更愿意把钱投入做生意中，回报率一定会远远超过银行的利息。所以，犹太人只会将很少的一部分资金存入银行，其他的钱则用于投资，他们宁可拿着现金等待投资时机。

（2）保障资金安全，防止因小失大。若想投资赚钱，风险是必须考虑的因素，因为风险时刻存在。收益与风险是成正比的，风险越大，收益越高；风险越小，收益越低。那么，如何最大限度地保障资金安全呢？犹太人做买卖很有规矩。如规定交易必须订立合约，一切按合约条款办事；又如买卖不赊账，如要求赊账者必须提供银行担保或相应抵押等。他们绝不做那些以言代约、"君子协定"的买卖。正因如此，犹太人很少在生意场上吃亏。犹太人对于钱的谨慎态度，就像一句谚语中说的："老子与儿子也不能相信，只相信自己。"反映了犹太人谨慎的性格与按契约办事的习惯。

把小钱放在眼里

两个年轻人一同寻找工作，一个是英国人，一个是犹太人。一枚硬币躺在地上，英国青年看也不看就走了过去，而犹太青年却激动地将它捡起来。英国青年对犹太青年的举动露出鄙夷之色，好像在说：一枚硬币也捡，真没出息！而犹太青年望着远去的英国青年也心生感慨：让钱白白地从身边溜走，真没出息！

两个人同时走进了一家公司。公司很小，工作很累，工资也低，英国青年走了，而犹太青年却留了下来。两年后，两个人在街上遇见，犹太青年已经成了老板，而英国青年仍然在寻找工作。英国青年对此不可理解，说："你这么没出息的人怎么能这么快地'发'了?"犹太青年说："因为我没有像你一样，绅士般地从一枚硬币上迈过去。你连一枚硬币都不要，怎么会发财呢?"

很多人都会因为自己的收入低而抱怨，希望能够早日成为富翁。犹太人认为一切存在这种想法的人，即使他的收入很多，也不可能成为富翁。因为他们根本没把小钱放在眼里，更不懂得水滴石穿的道理。

若想赚大钱，就要从小事做起。财富的真正主人永远都是那些会赚小钱的人，他们不放过任何赚钱的机会，并不停地将赚来的钱投入资本市场，让这些钱持续地滚动，直到滚成一个"大雪球"。巴菲特的成功经历，每个阶段都体现出其巧于把握时机的赚钱本领。

沃伦·巴菲特是当今世界和人类历史上最伟大的股票投资者，1956 年，他以 100 美元起家，迄今为止其个人资产已超过几百亿美元，被誉为"世界头号股王"。

在美国《纽约时报》评出的"全球十大顶尖基金经理人"中，巴菲特名列榜首；在《财富》杂志评出的"世界八大投资高手"中，巴菲特同样位列第一。如此的"第一""唯一"不胜枚举，他是资产超过十亿美元的亿万富翁中唯一一个从股票市场发家致富的，他一手创立并任主席兼行政总裁的贝克夏·哈斯维公司，是美国最具盛名的十家公司之一，也是金融界唯一一家进入前十名的公司。

巴菲特是证券经纪人之子，从小就生财有道。他之所以成为富豪，就是他多年不断地赚钱的结果。巴菲特 5 岁时就在奥马哈老家门前的人行道上摆摊子向路过的人卖口香糖，后来又从清静的自家门前转移到行人较多的朋友家门前售卖柠檬水。一名友人说："他想的不只是赚零用钱，而是要致富。念小学的时候，他就宣布要在 35 岁之前成为百万富翁。"

他曾在当地高尔夫球场上搜集可以贩卖的二手高尔夫球；他曾跟朋友一起到奥马哈赛马场，在地上找人家无意中随手丢掉的中奖票根；他曾在祖父的杂货店批发汽水，夏夜里挨家挨户地进行推销；他在青少年时期曾经每天早上送近500份报纸，每月收入175美元（许多全职工作的成人也不过赚这么多钱），又原封不动地把每个月的薪水存起来；他经常埋首苦读《赚取1000美元的1000种方法》，这是他最爱读的书。

他迷恋股票，正如别的孩子迷恋飞机模型一样。他把股票价格走势制成图表，观察涨落趋势。他11岁时首次买股票，买了3股每股38美元的"城市服务"优先股，升到40美元时脱手，扣除手续费后，净赚了5美元——这是他在股票市场上的首次斩获。

巴菲特从少年时代起就喜欢看赛马，由于他对赛马颇有见解，12岁那年他出版了一本马经，该书十分畅销，读者却不知作者竟是一位小学生！巴菲特13岁时已成为有"资格"的纳税人了。

他14岁时，用1200美元积蓄购买了一大片农田，租给一名佃农。到15岁时，巴菲特更显示出他善于把握机遇的商业才华，他与同学合资25美元买下了一台二手老虎机，把它放在理发店里。等理发的人为了消遣，总会投入一些硬币赌一下。巴菲特和他的同学为此每星期可从这台二手老虎机上收入50美元。

大学毕业后，巴菲特当过一段时间的教师，之后，他筹集了少量资金与朋友合伙开了一家公司，做些小投资。

巴菲特在教学和实践中形成了他的"价值投资法"：寻找被市场低估的股票，然后买下它，等股价上升到一定程度即脱手。

由于巴菲特善于把握时机，他的公司业务迅速发展。到1969年，公司的净资产已是成立时的几十倍，他本人也赚了不少钱。

巴菲特看到马萨诸塞州一家纺织公司因濒临破产要拍卖时，就决心把它收购下来。然后他将其原来的纺织设备卖掉，只保留公司名字，进行投资业务。他涉足银行业、家具业、珠宝业、糖果业乃至出版业。

1973年，他用1000万美元买下《华盛顿邮报》的股份，用4500万美元买下美国政府雇员保险公司；1985年，他用5亿美元购进城市服务公司的控股股份；1987年，他用7亿美元投资所罗门证券经纪公司，稍后又买下可口可乐公司的10亿美元股份。

做大事必先从小事做起，若想赚大钱也是同样的道理。如果不从小钱赚起，永远不可能获得巨大的财富。

经商赚钱不要嫌生意小，只要善于经营，把小生意做大做强，有了规模，也就成了大生意。不少人都有这样的愿望，总想自己有朝一日能财源滚滚来，潇洒地做一回大老板。但大多数人终其一生，却难以梦想成真，这是什么原因呢？是因为有些人赚钱心太急切了，导致了致富心态的错误，他们只想发大财、赚大钱，能赚小钱的机会看不上眼，却忘了积少成多、聚沙成塔的道理。

　　而犹太人则深谙"一口吃不成一个胖子"的道理，他们的成功蕴藏在每个细节之中，积跬步以至千里，汇细流入大海。任何事情的成功都是由小而大逐渐积累的。漠视细节的努力，纵使豪气冲天、壮志凌云，又何以奢望成就丰功伟绩。一个人想要成功，必须从小事做起。唯有量的积累达到一定程度才会引起质变，量变是事物变化的必要前提。因此，我们要像犹太人一样，从小事做起，从小钱赚起，重视量的积累，最终方能得到质的飞跃。

高风险高回报

《塔木德》中写道："在别人不敢去的地方，才能找到最美的钻石。"这句话用于投资最为合适，意思就是"高风险意味着高回报"，风险和收益永远是成正比的。犹太人知道，要想在理财过程中获得尽可能多的收益，就要敢于冒险，因为风险越大，收益就越大，这也是犹太人经商理财的原则。

犹太人十分清楚，任何投资都是有风险的，而且收益和风险成正比。高风险意味着高回报。因此，在理财过程中，犹太人敢于投资、善于投资，他们追求资金的高回报，并尽量保证本金的安全。

犹太人善于理财，来看看他们是如何通过购买保险理财的：

祖父—父亲—我—孩子

＄500—＄10 万—＄100 万—＄1000 万

从曾祖父那里什么都没有得到的祖父，只能买 500 美元的保险给父母；我的父母用这 500 美元作为本金，购买了 10 万美元的保险；而我用这 10 万美元，购买了 100 万美元的保险留给我的孩子。这样一来，我的子女也可以将这 100 万美元变成 1000 万美元……

　　很多发达国家的普通民众大多拥有 10 万美元的保险，而理财上十分精明的犹太人拥有至少 100 万美元的保险。这样，犹太人的子女从小就是富翁。如果一般美国人的子女是以 10 万美元开始人生，那么犹太人的子女一开始就是 100 万美元的人生。犹太人掌握着世界上绝大部分财富的原因由此可见一斑。

　　善于理财、敢于投资是犹太人经商的本领之一，他们知道只有人迹罕至的地方才能找到最美的钻石，因此，犹太人追求利润最大化，为了高回报，不惜以高风险作为代价。

　　经济学原理告诉我们：风险越大，收益的绝对值越大，犹太商人的理财原则就是投资风险高、回报高的项目，而绝不去把钱存入银行赚利息。犹太商人天生具有乐观的风险意识，他们是最出色的冒险家，能够在危险中自由地畅行，抓住机遇，获得巨大的成功。犹太人在看待事物的发展趋势时，常常抱有积极乐观的态度，他们相信一切高风险的背后总会蕴藏着巨大的经济利益。

　　高风险意味着高回报，只有敢于冒险的人，才会赢得辉煌的人生。犹太人将这种与生俱来的冒险精神运用到理财中，他们相信面临风险、审慎前进的人生体验可以练就过人的胆识，这将为今后的投资经商提供宝贵的精神财富。

　　有人说，控制世界的是美国，而控制美国的则是犹太人。美国的犹太人只占美国总人口的 2.3%，但他们在美国经济、舆论、学术等方面的影响却非这个比例所能体现，由此派生出来的对政治的影响也非同小可。20 世纪 70 年代，在金融、商业、教育、医学、法律等高文化行业中，美籍犹太男子有70%，女子有40%，而同期全美国平均只有28.3%的男子和19.7%的女子加入此行列。而在被认为最为灵巧、收入最高的两大职业——医生和律师中，犹太人所占的比例最高。如20世纪70年代，美国有3万多名犹太医生，占美国私人开业医生总数的14%；另外有约10万名律师，占美国律师总数的20%左右。

可见，犹太人对美国的影响是多么巨大。想必第一次去美国的中国人可能会有这样的困惑：为什么美国人不爱存钱？答案就是美国人深受犹太人理财方式的影响，他们更愿意投资风险大但回报率高的项目，而不是存在银行赚利息。

犹太人拉比依兹哈库说："理想的理财方式，要用1/3来买地（最好的储蓄方式），1/3用于商品运作，另外1/3应该留在手边。"只把1/3的钱存起来，其他的都用来投资，这就是犹太人追求高回报的证明。

犹太人凭着过人的胆识，抱着乐观从容的风险意识，知难而进，逆流而上，赢得了出人意料的成功。风险越大，收益越高。学习犹太人的理财经，学习犹太人敢于追逐高收益的冒险精神，你也将成为出色的理财师。

有胆识才能发财

淘金者要有梦想，发财者要有胆识。在财富的累积过程中必然伴随着一定的风险，并且财富累积与风险通常是成正比的。一个人除非不干事业，干事业就必须事先有承担风险的心理准备。因为一个成功致富者的一生，必定是不断与风险拼搏的一生。犹太商人从来不会因风险而放弃任何一个发财的机会，他们认为风险是财富的座上宾，小险获小利，敢冒大风险才能赚大钱。综观犹太人在经济方面的成功，尤其是那些犹太经济巨人的成功，都离不开他们在创业过程中所具有的冒险开拓精神。犹太人重视传统而又不囿于传统，他们审时度势，不断创新，不断开辟"新航线"，手疾眼快地进入一块块富有刺激而又饱含生机的新领地。

犹太人的祖先很早就用自身的商海实战经验向他们的后代谕示了这样一个真理：当机会来临时，不敢冒险的人永远是平庸之辈！

美国著名企业家保罗·道弥尔年轻的时候，两手空空、无一技之长，他闯天下，像当今时代的许多打工仔一样，从零起步，通过勤奋工作，做到了工厂主管，拥有了令人羡慕的高收入。然而，他却在此时放弃了这份稳定的好工作，而做起了推销员。对于他的这一举动，所有朋友都认为他是自讨苦吃。

但是他仅用两年时间，便建立起一个庞大的销售网，他的推销事业如日中天。按同行们的估计，再有一年时间，他就会成为当地最富有的推销员。但是，此时的道弥尔又另有图谋。

道弥尔果断地放弃了自己正开展得如火如荼的推销事业，卖掉自己辛辛苦苦建立起来的销售网，然后以高价买下了一个濒临破产的工艺品制造厂。道弥尔的做法，又令他的朋友们百思不得其解，他们都不明白道弥尔为什么要买下这么个烂摊子。

其实，道弥尔这么做并不是出于一时冲动，他心里早就打起了如意算盘：他买下这个工厂70%的股权，却要求占有工厂盈利的90%。当然，买下这个烂摊子，对道弥尔来说就是一个巨大的挑战。道弥尔占有这个工厂70%的股份，这个工厂基本上就成了他独资经营的企业，由他说了算。于是，道弥尔开始施展他的才能，大刀阔斧地干了起来。

上任伊始，道弥尔便对生产和销售两个环节进行大力整顿。他认为生产环节要提高效率，就必须节流。因为有不少工人已经对工厂的前景失去了信心，他便趁机裁员，对留下来的员工，一方面增加他们的工作量，另一方面提高他们的工资和待遇，双管齐下，很快就使生产效率大大提高。

对于如何扭转销售上的被动局势，道弥尔也是费了不少心思的。通过一番认真的调查分析，道弥尔找到了销售这一环节薄弱的原因：因为工艺品是一种特殊商品，它不同于生活必需品，实行低价推销不但使工厂无利可图，还降低了产品在顾客心目中的地位。道弥尔找到了过去销售不乐观的症结后，对症下药，不但不按过去的低价推销方法销售，反而反其道而行之，用高价行销的方法销售，同时加强产品的销售服务。这样一来，一方面提高了产品的利润，另一方面这种高价行销的方式反而吸引了不少顾客的注意力，而良好的服务又提高了产品的信誉。

在道弥尔的苦心经营下，原来奄奄一息的工艺品厂很快就如枯木逢春，重新焕发出勃勃生机。一年之后，工厂扭亏为盈，生意以喜人的态势红火起来。

年仅30岁的道弥尔获得了巨大的成功，成为一位受众人瞩目的年轻企业家。

然而，就在此时，道弥尔再一次作出令人震惊的决定——宣布退休。年仅30岁的道弥尔不会就此停止前进的脚步而坐享其成，他又从一家银行收购了一家破产的玩具工厂。道弥尔就像一位妙手回春的高明医者，经过一番扬长避短的整顿，这家破产的玩具工厂神奇般地起死回生了。

从那以后，道弥尔不断地从银行收购破产企业，然后利用被收购企业原有的一切有利条件，采取强有力的措施，大胆投资，使得这些企业一个个走向新生。道弥尔则成为一位名副其实的"破烂王"。

有人问道弥尔：为什么总是甘愿去买一些濒临破产的企业来经营？

道弥尔的回答是：破烂摊子虽然貌似风险极大，可比自己从头干起要省事得多。

道弥尔大智若愚的回答散发出真理的光芒。这实际上就是犹太人独具的大无畏冒险精神，这种精神来自他们卓越的眼光和见识。

道弥尔的成功告诉了人们这样一个道理：越是一般人认为难以做到而不敢涉足的事情，往往越有可能做到，看似安全的事情并不一定真正安全；大家都认为不可能的事情，努力去做，反而成功的可能性更大。因为从表面看，他们冒的风险很大；而从实际操作来看，他们冒的风险反而小。他们从事的事情正因为一般人觉得风险很大，不会参与了，所以与他们竞争的人很少。于是，在外人眼中他们在恶浪滔天的深海处生死莫测，事实上他们却在浪尖捕捉到了心目中向往的大鱼。

不断投资，用钱生钱

犹太人的理财观点是用钱生钱，他们认为，只有不断投资，钱才会越变越多，只要手中还有钱，就应该继续投资。

犹太人经常会从工资中拿出一笔钱用来投资。投资就像一条小溪，长年流淌，最终会汇集成一条大河。只有不断投资，才能实现利滚利、钱生钱。

权威调查显示，世界上的亿万富翁中，有 10% 是通过继承遗产致富，89.99999% 是通过投资致富，只有一个人是通过收藏致富的。一些成功的犹太商人就是通过不断地投资才成为世界上的商业巨头。一些成功的犹太商人经常会选择时机进行投资，其投资的理念总结起来其实很简单，就是购买价值被低估的东西，然后坐等它升值。价格越低，投资的时机越好。

犹太商人就是这样不断地将钱用来投资，以赚取更多钱财的。不要以未来的价格走势不明确为借口而延后你的理财计划。每次价格上涨的时候，人们总是后悔没有事先投资。价格上涨前是不会有任何征兆的。对于那种短期无法预测，而长期具有高预期回报率的投资，最安全的策略就是先投资，再等待机会，因为机会一旦错过，就不会再回来了。

很多人觉得投资理财不容易，所以迟迟不敢将自己的钱财拿出来进行投资。一位犹太理财专家告诫想要投资理财的人："投资理财与你的学问、智慧、技术和预测能力无关，只看你能不能做到投资理财该做的事。做对的人不一定有学问，也不一定懂技术，也许他很平凡，却能致富，这就是投资理财的特色。投资理财不需要什么专门的知识，只要肯运用常识，并且不断地身体力行，必有所成。看准时机，不断投资，不要因为觉得时机不好就不敢投资。很多犹太商人都会选择经济不景气的时候，不断地进行投资，然后等待时机让它不断升值。"

这位犹太理财专家的话很正确，投资理财不是一件神秘的事情，只要看准时机投资，就会取得成功。

18—19世纪，正值欧洲工业革命、法国大革命时期，梅耶·罗斯柴尔德利用这一千载难逢的机会，把资金和情报与自己的智慧相融合，纵横于英国、法国、德国等欧洲各国，进行紧俏物品的投资买卖。另外，他还不惜斥巨资开设银行，投资铁路、矿业等。梅耶把自己的五个儿子分散在伦敦、维也纳、法兰克福、巴黎和那不勒斯五个城市，分别开设了公司，这五个儿子也很争气，他们很快就使罗斯柴尔德家族成为一个跨国大财团。

如果当时不是因为罗斯柴尔德选择时机进行投资，就不会有后来的罗斯柴尔德金融帝国。犹太人经常能够选择恰当的时机进行大量投资，从而收获丰厚的利润。罗斯柴尔德家族就是凭借这一商业谋略在商场上叱咤风云的。

不仅是企业，个人也应该有这样的意识。理财不是一件短期见效的事情，而是长期投资才能获益的。投资理财不仅会让自己的资产不断升值，自己的收入也会逐渐增多。

精明的犹太人早就看到投资理财的好处，所以他们不断地将钱拿出来进行投资理财，投资理财也被他们看作赚钱发财的有效途径。如果我们也想让自己的钱财逐渐增多，就应该看准时机进行投资。

学会花钱

怎样赚钱、怎样用钱、怎样省钱是人们在追求金钱的过程中急于想知道与掌握的问题。对于聪明的犹太人来说，这些不是大问题，面对日常生活中的种种花销，他们总可以处理得游刃有余，犹太人不愧是"出色的理财能手"。

现在很多人认为钱难赚，所以，一些人开始节衣缩食，可是挥霍无度的人却未见减少，甚至还有往上攀升的迹象。其实，钱只是一种工具，它是拿来用的，而不是拿来浪费的。一个人可以用钱买心爱的物品，买安全感，买快乐的感觉，但是有一个最重要的原则就是"当用则用，花钱有道"，这才是花钱的最高境界。

犹太人花钱时，首先考虑的是"钱尽其用"，他们普遍坚持钱不能随便使用的原则，而且一定要用到最需要的地方，不能因为种种欲望而胡乱花钱。他们认为，一个人应该控制住自己的欲望，否则，他就会浪费钱财或者徒增烦恼。

所以，犹太人有他们自己的消费方式：花钱时要控制自己的欲望，不可冲动，要仔细研究目前的生活状况；花钱之前，要经过明智的思考再作出决断，这样就可以取消一些不必要的支出；对物品要斤斤两两地计较，对金钱要分分毫毫地核算，要懂得精打细算。

学会花钱，是致富的一个重要条件，世界上最会赚钱的人无不是最会花钱的人。会花钱，就要爱惜钱财，只有爱惜钱财，钱财才会聚集到你身边。因此，不仅要爱钱，还要惜钱，也就是说，要想办法保护好自己已有的钱财，要懂得开源节流，把钱用在恰当的地方，发挥其最大的功效。

生活中，有的人买东西并不是因为需要才去买，而是因为想要享受一掷千金的快感、享受让人羡慕的虚荣感才去消费。这种人觉得没钱就没有尊严，就代表丢脸，所以他们要逞一时之快，以展现富豪之家的气势。这种人在乎的不是钱的价值，而是自我虚荣心的满足。

也有的人因为一时情绪不佳，或是遭受某些挫折，就希望通过花钱发泄内心的苦闷，他们疯狂地血拼，没有节制地刷卡，买了一堆不必要的东西。这是一种很不理智的表现，是一种当省不省的错误行为。

还有一些人永远无法面对自己所处的位置，总要把自己和不同阶层的人放在同一个天平上作比较。过分的攀比使他们迷失了自己，他们总是找不到适合自己的位置。当自己没钱的时候，就与有钱的人比较；当自己有钱的时候，又与更有钱的人比较。这种不健康的攀比使人身心疲惫、心力交瘁。这种人认为花钱是超越他人的一种表现，其实这是打肿脸充胖子的行为，结果落个得不偿失。

还有的人花钱时毫不节省，等到自己的存款数目不断减少后，才恍然发现，可供自己挥霍的钱已所剩无几，于是就开始节衣缩食，结果造成营养不良。这种人只顾享乐却忽视了金钱的有限性，他们不懂得节省，不明白自己的钱不是取之不尽的，总会有枯竭的时候，等到弹尽粮绝时，才后悔不已。

聪明的犹太人认为，无法过宽裕的生活，无法穿名牌的服装，都不是一件令人丢脸的事情，财富是没有止境的，拥有多少也不够花。对待金钱要保持平常的心态，量力而行，有一分钱就花一分钱，一分钱尽量发挥两分钱的价值。要把钱花在有用之处，当用则用，当省则省，这才是明智的用钱之道。

买商品就是买身份

在犹太人的生意经中，有一条非常重要，那就是对有些人来说买卖商品是身份的象征，这些人的消费原则就是只买贵的不买对的，所以与这些人做生意时，就要做到让他们感觉到自己买的东西很有价值和品位。犹太人斯赛特就有一个很好的例子。

在某个鸡尾酒会上，犹太人斯赛特从衣袋里掏出一张千元大钞，向所有的来宾宣布，他要将这张千元大钞拍卖给出价最高的朋友。开始的时候很多人认为这是一件很有意思的事情，起价才50美元，幸运的话还可以得到1000美元。于是很多人出于好奇加入了竞拍的行列。这个别开生面的"以钱买钱"的拍卖会，立刻吸引了大家的兴趣。开始时，"100美元""150美元""200美元"的竞价声此起彼伏，价码抬高到"500美元"以后，步调缓和了下来，只剩下三四个人还在竞价。最后，只剩下汤姆和彼得在那里相持不下。

当彼得喊出"950美元"时，斯赛特弹一弹他手上的千元大钞，暧昧地看着汤姆。汤姆几乎不假思索地脱口而出："1050 美元！"这时会场里起了一阵小小的骚动。斯赛特转而得意地看着彼得，等待他加价或者退出。彼得咬一咬牙说："2050 美元！"人群里起了更大的骚动。汤姆摆摆手，喝了杯酒，表示退出这个"疯狂的拍卖会"，大家这才松了一口气。结果，彼得付出 2050 美元，买到那张 1000 美元的钞票。

这只是犹太人把一张千元钞票卖两倍的小游戏，在商场里，他们更是把东西卖到十倍、百倍，甚至千倍。犹太人认为，压低价格，说明你对自己的商品没有信心，即使是一张 1 美元的钞票，犹太人也可以卖到 2 美元，甚至是 10 美元。"绝不要廉价出售我们的商品"，这是犹太人的信条。

不可看不起小事

人们常说："由俭入奢易，由奢入俭难。"大凡生活中这样的事情很多，可是犹太人却不这样。他们在教育自己的子女时，总是教育他们要从平凡的小事做起，切不可看不起小事，只有小事做好，才能做大事。要既能承担大事，又能办好小事。

在一个既脏又乱的候车室里，靠门的座位上坐着一个满脸疲惫的老人，身上的尘土及鞋子上的污垢表明他走了很多的路。列车进站，开始检票了，老人不紧不慢地站起来，准备往检票口走。忽然，候车室外走来一个胖夫人，她一手提着一只很大的箱子，另一只手领着个孩子，显然也要赶这班列车。可箱子太重，累得她呼呼直喘。胖夫人看到了那个老头，心想他可能是个干力气活的人，于是她大声喊着："喂，老头，你给我提一下箱子，我给你小费。"那个老人下意识地回了回头，看了胖夫人一眼，然后走了过去拎起夫人的箱子，就和胖夫人一起朝检票口走去。这位胖夫人边走边同老人搭讪，说这年头找个活儿不容易，这样大的年纪了，应该在家含饴弄孙等。边说边经过了检票口检了车票。他们上车不久，火车就开动了。胖夫人抹了一把汗，庆幸地说："还真多亏了你，不然我非误车不可。"说着，她掏出1美元递给那个老人，老人微笑地接了过来。这时，列车长走了过来说："洛克菲勒先生，您好，欢迎您乘坐本次列车，请问我能为您做点什么吗？"

　　"谢谢，不用了，我只是刚刚做了一个为期七天的徒步旅行，现在我要回纽约总部。"老人客气地回答。

　　"什么？洛克菲勒？"胖夫人惊叫起来，"上帝，我竟让著名的石油大王洛克菲勒先生给我提箱子，居然还给了他1美元小费，我这是在干什么啊？"她忙向洛克菲勒道歉，并诚惶诚恐地请洛克菲勒把那1美元小费退给她。

　　"太太，你不必道歉，你根本没有做错什么。"洛克菲勒微笑着说道，"这1美元是我挣的，所以我收下了。"说着，洛克菲勒把那1美元郑重地放在了口袋里。

不把鸡蛋放在同一个篮子里

　　犹太商人认为用钱去投资赚钱，比依靠出卖体力挣钱要强得多，所以一定要学会投资赚钱的技巧和方法。投资自然会有风险，无论是股票、证券投资还是兴建实业，擅长投资理财的人的财富会像滚雪球一样不断增长，不善于投资理财者则可能会血本无归。因此，如何投资便成为一个摆在投资者面前的现实问题。实践证明，分散风险是最有效的方法，即俗语所说："别把鸡蛋放在同一个篮子里。"

　　投资必定有风险。如果把所有的资金投入唯一的项目上，往往会有两种结果：一是获得高额的回报，二是血本无归。如何减少甚至避免投资的风险呢？分散投资是最佳的方法。你投资的项目越多，得到好处的可能性也就越大。

　　一项投资组合含有 10 种股票，每种股票的期望报酬率在10% ~20% 。如果投资者冒较大的风险，将所有的资金投到报酬率为 20% 的股票上，那么他获取 20% 报酬的概率是很低的；如果把投资分散到几种股票上，他获取 15% 报酬率的概率就非常大。这种投资方式，有人形象地比喻为"分篮子装鸡蛋"。将鸡蛋分别放在几个不同的篮子里，即使一个篮子打翻了，其余的鸡蛋仍然完好无损。

犹太人即有这种分散投资的投资理念，简单地说，就是增加投资的种类以降低投资风险。操作方式是这样的，为了确保投资资金增值回收，在购买股票时不能只买一种。在决定大额资金的投资方向时，不能只在某一个方面投资，除了股票外，还可以考虑房地产、黄金、艺术品等。这种分散投资具有降低风险的作用，其原理就是凭借各个投资项目不可能共同涨跌的规律，即使各个投资项目齐涨或齐跌，其涨跌的幅度也不会相同。所以，当几种投资构成一个投资组合时，其组合的投资报酬是每项投资报酬的平均值。投资组合的益处是不同的投资项目虽然有的亏损，有的赢利，但可以相互抵消大部分的投资风险，因而能够有效地降低整个投资组合因某些不确定因素带来的风险。随着投资组合中投资种类的增加，投资组合的风险也随之下降，这就是分散投资可以降低风险的原理。

投资组合中各个投资项目的齐涨齐跌现象越不明显，或是报酬率呈现相反的走势，投资的风险就越低。要尽量选择价格走势与原有投资组合相反的投资项目，例如，投资黄金就是分散风险的最好投资项目。从黄金价格波动的情况来看，黄金投资是风险相当高的投资，但是黄金价格走势和股价走势恰恰相反，通常当股价在下跌时，黄金价格就有上涨的倾向，尤其是当遭遇国际上重大变革，如战争、政变或通货膨胀时会导致股价大跌，黄金价格反而上涨，所以它是个分散投资风险的好项目。若将此原则延伸到股票投资方面，为了达到分散风险的目的，最好选择多种产业的股票。因为共同的经济环境会对同行业或相邻行业带来同样的影响，只有不同的行业、不相关的企业才有可能损此益彼。即使有不测风云，投资多种行业也会"东方不亮西方亮"，不至于"全军覆没"。

在实际投资活动中，并不是投资的种类越多越好。据有关方面的数字统计，在投资组合里，投资项目每增加一种，风险就相对减少一些，但如果投资项目无限度地增加，其降低风险的能力也就越来越弱。当达到投资项目极限时，减少风险的作用几乎就不存在了，这时往往会得不偿失。因为随着投资项目的增多，消耗的精力和销售佣金等方面的费用都相应地增加，投资成本无疑就会增大，所以，进行投资组合要把握一个"量"的问题。同时，投资组合并不是投资元素的任意堆积，而是各类风险投资项目的恰当组合，也就是说还要把握一个"质"的问题。最理想的投资组合体的标准是收益与风险相吻合，使你在承担风险的前提下获得最大限度的收益。

不要只顾着分散风险，必须衡量分散风险产生的效果，因为一切投资都是为了创造经济效益。随着投资项目的增多，风险固然下降，但相对的管理成本却因此而上升，因为要同时掌握过多投资项目的变化情况并非易事。

当然，分散投资并不能绝对避免风险。最佳的投资组合也只能消除特异性风险（不同公司、不同的投资工具所带来的风险），而不能消除经济环境方面的风险。风险管理的目的只是了解风险、驾驭风险并进而降低风险。

犹太商人认为，如果有闲置的资金就应该及时地用来投资，投资是一种很好的生财之道。但这并不是说这笔资金投出去就一定能够赚钱，因为任何投资项目都存在着一定的风险。

大额投资与公司的命运紧密相连，是决定公司前途命运的关键。影响公司投资的因素有很多，犹太商人认为下面几个因素在投资时必须着重考虑：

1. 投资者的决策力

投资者的决策力是指投资者根据生产经营环境和公司经营实力，从不同的投资方案中选择公司的发展方向和战略目标的能力。

2. 投资环境

认真地分析投资环境是作好投资决策的基本前提。对公司投资具有明显影响的环境因素主要有政治形势、经济形势、文化状况、相关资源、相关优惠政策，以及投资单位的软件硬件环境六个主要方面。

3. 投资行业的科技水平

当某一行业的技术进步速度加快时，行业内部的投资机会就会大幅度增加，从而引起该行业内厂商投资水平的相应提高。在这种情况下，公司即使仅仅出于维持生存的考虑，也会产生投资。所以，某一产业领域技术进步的加快，往往会影响其他产业领域的投资水平。总之，只要社会生产的技术变革速度加快，无论这种变革是全面的还是局部的，都会推动公司投资需求的扩大。

4. 市场需求动态

各种商品的销售状况和发展趋势都会通过市场反映出来。公司在进行某项投资之前，首先应该对此项投资的市场情况进行预测。如果社会上有足够大的潜在市场，就有必要进行投资。

5. 预期收益水平

投资的根本目的在于取得相应利润。预期收益水平对企业投资的回收速度及投资收益有着直接而重大的影响。预期收益水平只有高于同行业的基本收益率水平或资金的银行利率，公司的投资才有效益。

犹太商人认为，投资决策对于一个公司的发展具有十分重要的意义，作为决策者，首先要对公司投资所面临的风险及影响这些风险的各种相关因素有一个全面而深刻的认识。如果对风险的把握不够好，投资不仅不会带来经济收益，而且会造成经济损失。精明的犹太商人都采用分散风险的做法，选择不同的投资方向，将投资风险降到最低限度。

有知识才有金钱

在犹太教典籍《塔木德》里有这样一句话："知识和金钱是成正比的，只有具备丰富的阅历和广博的业务知识，才能在生意场上少走弯路、少犯错误，这是能赚钱的根本保证，也是商人的基本素质。"

犹太人认为，智慧是比金钱更重要的东西。所以，犹太人会花费一生的时间去追求智慧。他们深知智慧的增长是要靠足够的知识来累积的，所以，犹太人很重视对知识的学习，同时也很重视对自己孩子的教育。他们同样会把《塔木德》中的经典讲述给自己的孩子，让下一代铭记于心。

在饱受了 2000 多年的迫害之后，大多数犹太人都认为知识可以改变命运，正是有了这样一种思想的传承，绝大多数的犹太人家庭都很重视教育，他们会不惜一切代价鼓励自己的孩子去读书，去接受更高更好的教育。他们重视教育，认为善于学习的回报就是知识和金钱。

也许正是由于这样的原因，在提到犹太人的时候，人们很习惯地把他们和"非常有钱""智慧"联系到一起。事实上，在犹太人的观念里，他们确实是把智慧、金钱和自己紧密联系在一起的，他们认为智慧应该装在脑袋里，而金钱则要装在口袋里。

也正因为如此，可以从下面的资料中找到很多有关犹太人的不可思议的数字。

一项统计表明，在美国，受过高等教育的犹太人的比例是整个美国社会平均水平的 5 倍。

一份关于以色列的调查表明：

（1）在以犹太人为主的以色列，人均拥有的图书馆数量和每年人均读书的比例，均为世界之最。

（2）以色列拥有 29 家报社，用 15 种文字进行出版，出版的刊物达到 800 多种。

（3）以色列有 500 万人口，持有借书证的就有 100 多万人。

（4）以色列的书刊价格非常昂贵。每份报纸单价 6 美元以上，但是普通的以色列人每家每年都要订阅好几份报刊。

下面体现的是犹太人在学术方面的优越性：

（1）在美国，有 1/4 的诺贝尔奖获得者是犹太人。

（2）世界各地的名牌大学中有 1/5 的教授是犹太人。

（3）当代美国一流作家中有 2/3 的人是犹太人的后裔。

下面的一组数字是犹太人和财富的关系：

（1）全世界最有钱的企业家中有 1/2 是犹太人。

（2）美国百万富翁中，有 1/3 是犹太人。

（3）福布斯美国富豪榜前 40 名中有 18 名是犹太人。

（4）犹太人是出色的银行家、律师和娱乐业巨头，他们在这些行业中如鱼得水，操纵整个世界的经济命脉。美联储主席格林斯潘、索罗斯、迪士尼、华纳兄弟、米高梅、派拉蒙、斯皮尔伯格……我们甚至还可以这样一直列下去。凡是聚集了巨大财富的地方都能看到犹太人的影子，他们无孔不入，天生和金钱有着无法割舍的关系。

从上面这些数字中，我们不难发现这些秘密：

首先，我们能看到的是以犹太人为主的以色列国有几个世界之最：人均拥有的图书馆、人均年读书比例、持有借书证人群所占以色列人口总数的比例等，这些数字都充分说明了犹太人喜欢读书、热爱知识。

其次，我们会发现犹太人的学术水平和财富比例，由此，我们能得出一个结论：知识与金钱是成正比的。

没错，知识就是犹太人的智慧，就是犹太人的财富。知识可以变成智慧，智慧就是金钱，要想成功，首先要拥有足够多的知识，然后把它们变成智慧，再用智慧去赚钱，这就是犹太人的信仰。

在犹太人的眼里，读书看报不仅仅是一种习惯，更是一种美德。

不要借钱给朋友

一位犹太生意人说：你可以用其他友善的方式接济你的朋友，但不要借钱给他。借钱给他人就是掏钱为自己买了一个敌人。

犹太人在朋友之间很少涉及金钱，他们之间朋友是朋友，金钱是金钱，分得十分清楚，一般不把友情掺入金钱，也不借钱给别人。

犹太人之间的朋友，大家彼此都很不错，就在一起吃饭喝酒，这样的朋友关系就表示你是他喜欢的朋友，他愿意和你经常来往。但是你要是借钱，他们很少答应。

这不是因为犹太人不喜欢自己的朋友，也不是因为大家彼此之间不信任，而是他们处事的一种精明。

犹太人是十分自尊的，他们一般是绝不肯向人求助的，即使遇到了困难也是依靠自己的力量来解决，很少向别人请求帮助。犹太人在生活上借钱，与他们在生意上的借贷是不一样的。假如一个人向自己的朋友去借钱，那说明这个人已经处于生活比较困难的情况了，有人借钱给他，他就总是感到忐忑不安，心里总是想着怎么样把钱尽快还给自己的朋友，见了朋友就感觉很不好意思，而朋友呢，即使恰好需要这笔资金，却也不好意思去要钱。这样一来，自己不得不去向别人借钱，大家的心里都不舒服。所以，犹太人之间就心照不宣地达成默契：不借钱给自己的朋友。

下篇　生/意/经

以善为本

　　犹太商人懂得"顾客回报"之道，他们敢于在一些关节上大把大把地用钱。比如他们善行天下，赞助社会公益事业，其目的在于顾客能够回报利润。

　　犹太商人热心于公益事业，说穿了也是一种营销策略，在为企业提高知名度、扩大影响、博取消费者好感方面，具有重要意义，对巩固企业已占有的市场及扩大今后市场占有率产生深远影响。纵观众多犹太巨商的成功历程，人们可能会注意到，他们有一个共同的做事方法，即在发财致富的同时，慷慨解囊热心于各种慈善和公益事业。

　　19世纪中期到20世纪初期，俄国银行家金兹堡家族在1840年创立第一家银行，后经过几十年的发展经营，在俄国开设了多家分行，并与西欧金融界建立广泛的业务关系，成为俄国最大的金融财团，其家族成员成为世界屈指可数的大富豪。

　　金兹堡家族像其他犹太富豪一样，在其发迹过程中做了大量的慈善工作。他在获得俄国沙皇的同意后，在彼得堡建立了第二家犹太会堂；1863年，他又出资建立俄国犹太人教育普及协会；用他在俄国南部的庄园收入建立犹太农村定居点。金兹堡家族第二代继续把慈善工作做下去，曾把其拥有的当时欧洲最大的图书馆捐赠给耶路撒冷犹太公共图书馆。

美国犹太商人施特劳斯，他是从商店记账员开始，步步升迁，最后成为美国最大的百货公司之一的总经理，20世纪30年代成为世界上首屈一指的巨富。他在事业成功的过程中，也参加了大量的慈善活动。除了关于公司职工的福利外，他曾多次到纽约贫民窟察访，捐资兴建牛奶消毒站；并先后在美国36个城市给婴幼儿分发消毒牛奶；到1920年止，他捐资在美国和国外建立了297个施奶站；他还资助建设公共卫生事业，1909年在美国新泽西州建立了第一个儿童结核病防治所；1911年，他到巴勒斯坦访问，决定将他1/3的资产用于该地兴建牛奶站、医院、学校、工厂，为犹太移民提供各项服务。

上述诸如此类的例子还有很多。犹太商人如此乐于做善事，实际上也是一种生意经。他们大量地捐资为所在地兴办公益事业，能够赢得当地政府的好感，这对他们开展各种经营十分有利。有些犹太富商由于对所在地区的公益事业有重大义举，获得了国王的封爵，如罗斯查尔德家族有人被英王授予勋爵爵位。有些犹太商人还获得了当地政府给予的优惠条件，如开发房地产、矿山以及修建铁路等，赚钱的路子得到了拓宽。

犹太商人的经营策略把"以善为本"作为一项重要内容，除了与其民族的历史背景有关外，也是一种促销的好办法。人是群居动物，人与人关系的运用，对事业的影响很大，政治家得人而昌，失人而亡。

企业家因供应的商品或服务为人所欢迎而发财，可见，一切离不开人。犹太商人明白这个道理，在一切经营活动中，与人为善，把人与人之间的关系处理得非常好，这成为他们成功与致富的秘诀。

犹太商人的处世之道，是把人类内心深处所潜藏的欲望予以利用。在他们看来，人类都渴望被人注目，受人重视，被人容纳。所以，与人相处，一定不能忘记这一点。对你的上司、同事、下属、顾客、朋友及家人，都要做到让他们知道你在想方设法地满足他们的一切愿望。实现这一目标的途径，就是用善意的、亲切的、温和的态度去交往。那么，对方再以同样的方式回报你，这岂不是和谐相处吗？有了和谐相处的环境和气氛，彼此之间就能很好地商量与合作，做生意的条件也易于商谈，这就是人们常说和气生财的原因。犹太商人还认为，不能与人和谐相处，对别人的缺点和短处不能包容，是一个人乃至一个企业失败的重要原因。如果你以蔑视的态度对人，即使对方不与你针锋相对，亦会对你敬而远之。这样，你的支持者或合作者就不存在了，失去广大的顾客，你的生意便会成为无水之鱼。因此，犹太商人认为做好生意，一定要有社会基础，要有顾客缘，要达到这一点，必须付出才有回报。犹太人乐意把大把大把的钱投向社会，其目的也在于此。

干净果断却又适可而止

有人曾经说过这样一句话："机会是上帝的别名。"在犹太人看来，商机是难以捕捉的，一旦闻出了它的味道，必须及时作出决策，稍微迟缓一点就会痛失良机。所以，要准确地把握住商机需要果断地作出决策。如果一直瞻前顾后、前怕狼后怕虎，肯定是办不了大事的。该出手时不出手，把时间拖得太久，那时候，财富早落入了他人的口袋。

所以，《塔木德》中说："仅仅知道等待和忍耐，不是真正的聪明。"

因为金钱是经不住时间的损耗的，同样是 1 元钱，1 年后价值可能就是现在的 0.9 倍，而 2 年后价值可能就是今天的 0.8 倍，3 年后则仅仅是今天的 0.7 倍。所以，商人要善于捕捉商机，果断地下决心。其实，能否抓住商机，在很大程度上也在于决策是否果断。当很多人同时发现机会的时候，你必须抢在别人之前作出决策，这样才有可能抓住机会。

竞争激烈的商场上，赚钱必须学会审时度势，迅速果断，这样才能占据领先优势。越来越多的人开始认识到，单有识别信息的慧眼是不够的，还需要有决策的智慧和快速的反应能力。畏首畏尾、不敢决断是赚钱的大忌，这会让你一次又一次地痛失良机。

那些看到机会并能迅速抓住的人，自然会得到幸运之神的垂青。至于那些看到机会却又眼睁睁让它溜走的人，也只能看着财富的美梦破碎。

有一个富翁家的狗在散步时跑丢了。富翁非常喜欢这只狗，于是就在电视台发了一则寻狗启事：有狗丢失，归还者，付酬金1万元，并有一张小狗的彩照充满大半个屏幕。启事发出后，送狗者络绎不绝，但都不是富翁家的狗。富翁太太说，肯定是真正捡狗的人嫌给的钱太少，不肯送还，因为那毕竟是一只纯正的爱尔兰名犬啊！于是富翁把酬金改成2万元。原来，一位乞丐在公园的躺椅上打盹时捡到了那只狗，但是，乞丐并没有及时看到这一则启事。当他知道送回这只小狗可以拿到2万元的酬金时，他兴奋极了，他这辈子也没有交过这种好运。他想自己以后再也不用流浪街头了。

乞丐第二天一大早便抱着狗准备去领那2万元的酬金。他幻想着自己住在舒适的房子里，先安安稳稳地睡一觉，然后再想想自己应该做点什么小生意，过完以后的日子。他边走边想，当他经过一家大百货公司的墙体屏幕时，又看到了那则启事，不过赏金现在已经变成了3万元。乞丐想：这赏金增长的速度倒是挺快的，这狗到底能值多少钱呢？他改变了主意，又折回他的栖身处，把狗重新拴在那儿。第四天，悬赏金额果然又涨了。在接下来的几天时间里，乞丐没有离开过大屏幕，当酬金涨到使全城的市民都感到惊讶时，乞丐才返回他的栖息处，决定把狗送还给它的主人。

可令乞丐伤心的是，那条狗已经死了，他的所有梦想都破灭了。因为这只狗平日里在富翁家吃的是鲜牛奶和烧牛肉，它对这名乞丐从垃圾桶里捡来的食物根本接受不了，于是便饿死了，而乞丐也因错失良机而一无所获。

乞丐虽然渴望财富，但是他却没有抓住得到财富的机遇，所以只能看着它溜走了。机遇面前，我们需要的是迅速出击，而不是等待。欲望无穷无尽，而机会却稍纵即逝，很多时候，为了得到更多而一味等待，不采取果断行动，不但不能满足我们的欲望，反而会让我们把原先拥有的东西也失去。这个道理，犹太人一直都懂得。

尽管犹太民族最善于等待和忍耐，但他们的等待和忍耐是有原则的。如果犹太人认为某项生意确实有利可图，他们自然会时刻关注事态的发展，一旦出现合适的时机，他们会立刻抓住，不让他人得逞；如果他们发现某生意不合算时，即使投资再大，他们也会断然放弃，与其长痛，不如短痛。

因此，犹太人在决定从事某项投资以后，一般会制订三套计划，分别对应着投资一个月后、两个月后和三个月后。

1 个月后，如果发现实际情况与预测有出入，他们一般还是按兵不动，继续追加资本；2 个月后，如果实际情况仍与预测有出入，那么既然不放弃，便会果断地继续追加资本；3 个月后，倘若情况依然不理想，同时无法证明会有好转，那么犹太人就会果断地放弃这项投资。

正是因为他们能够及时悬崖勒马，重找出路，才能使他们没有放过下一个机会。如果因为错过了太阳而哭泣，那么还会错过星星。犹太人这种适可而止、干净果断的习惯，是一种非常重要的财富品质。

19世纪中叶，发现金矿的消息从美国的加州传开了。很多人都认为这是一个千载难逢的发财机会，于是纷纷奔赴加州。17岁的小农夫亚默尔也加入了这支庞大的淘金队伍。他和大家一样，历尽千辛万苦，赶到了加州。淘金梦是美丽的，做这种梦的人很多，还有越来越多的人蜂拥而至，一时间加州遍地都是淘金者，而金子自然也是越来越难淘。不但金子难淘，生活也越来越艰苦。当地气候干燥，水资源奇缺，许多不幸的淘金者不但没有圆了自己的致富梦，反而葬身在此处。

亚默尔经过一段时间的努力，和大多数人一样，不但没有发现黄金，反而被饥渴折磨得半死。一天，亚默尔望着水袋中一点点舍不得喝的水，听着周围的人对缺水的抱怨，突发奇想：淘金的希望简直是太渺茫了，还不如卖水呢！于是亚默尔毅然放弃了对金矿的努力，将手中挖金矿的工具变成了挖水渠的工具，从远方把河水引入水池，用细沙过滤，成为清凉可口的饮用水。然后他又将水装进桶里，挑到山谷一壶一壶地卖给挖金矿的人。当时有人嘲笑亚默尔，说他胸无大志："你千辛万苦地到加州来，不挖金子发大财，却做起了这种蝇头小利的小买卖，这种生意哪儿不能干，何必跑到这里来?"亚默尔毫不在意，不为所动，继续卖着他的水，一点点地把几乎毫无成本的水卖了出去。就在淘金者都空手而归的时候，亚默尔却又在盘算如何利用卖水赚到的几千美元做一笔小生意了。因为这几千美元在当时也算是一笔非常可观的财富了。

这个小故事又给我们上了一课：飘在天边的财富梦想虽然美丽，但是太虚无缥缈，懂得抓住身边每一个机遇，才是最明智务实的做法。

通常，在特定的时间里，各方面因素配合得恰当，就会产生有利的条件。但这种有利条件不会一直存在，更不会一直等你，谁最先利用这些有利条件，谁就能更快、更容易获得更大的成功，赚取更多的财富。

融资能力很重要

犹太商人为了得到发展所需的资金，需要有很强的资金筹措能力，以达到较快的资本积累。所以，犹太商人办公司时着重制定这一方面的战略措施，这种战略措施主要包括以下内容。

首先，公司素质要增强，要有较强的资金筹措能力。公司资金筹措能力决定于公司内部的经营，即公司本身的素质。如果公司素质好，经营稳定，当然也会有良好的盈利状况。像这样的公司即使是中小公司，筹资能力也会比较强。

如日本有一家小公司，公司成员只有 29 人，他们生产经营理发、美容用的化妆品，但是由于该公司有自己独特的直销体制，对市场比较了解，不断开发新产品，所以效益非常好。这样看来，利润的增加除了可以扩大公司规模外，对提高公司的资金筹措能力还起到了以下两个方面的作用：

（1）提高公司信誉，在较有利的条件下取得银行贷款。如果公司经营素质比较好，利润比较高，相应的公司也便获得了较高的信誉，特别是像这类公司一般都具有较好的发展前景，因此，就比较容易获得银行的贷款。

（2）提高公司知名度，有利于公司开辟多种资金筹措渠道。经营素质好的公司，其知名度往往也比较高，这在社会上树立了良好的公司形象，使公司可以通过各种渠道来增资，从而可以通过多种渠道筹措资金。

因此，提高公司素质有利于提高公司的筹资能力。提高公司资金筹措能力的关键在于加强公司内部管理，提高公司素质。

其次，与金融机构保持良好的关系，确保长期稳定的贷款来源。特别是小公司为了顺利取得银行贷款，不仅需要有较好的公司素质，同时还要同银行建立良好的关系，对小公司来说这更为重要。

最后，政策要灵活，及时适应外部经济环境的变化。市场经济环境是不断发展变化的，在这种变化中，小公司更是深受其影响。如小公司经常被当作金融的"调节阀"，在金融紧缩时减少对小公司的贷款，反之，增加对其贷款。如果这样的话，小公司就需要采取灵活的资金政策，不要被外部环境牵制。

同时，还有"三忌"是犹太人认为需要注意的：

第一，不要弄虚作假。有些私营公司老板，为了获得所需资金，往往不顾后果、不择手段、弄虚作假。

其实，弄虚作假很容易被人识破。一旦被识破，不但筹不到资金，还影响了自己的声誉，不利于以后融资工作的进行。

第二，不要融而不投。融资是为了投资，扩大公司规模，增加利润，不要只是拿资金来任意挥霍。

作为老板应当记住，融资筹集的钱不能轻易挥霍和浪费。

所以，老板要专款专用。如果总是拆东墙补西墙，还不如不去融资。

第三，不要贪得无厌。很多老板一心想筹集到更多的资金，盲目相信融资越多越好，其实这并不是一种正确的想法。

别错过机会

机会总是会留给有准备的人，只有准备好了，才有可能赢得你想要的成绩。

做好准备，就是要先瞄准再开枪，想好再行动，这样才能赢！《塔木德》中说："每个人的机会都一样多，但是每个人对机会的识别和把握能力是不同的。"有准备的人能够更快、更准确地识别出机会。

下面这个小故事就清楚地告诉我们准备的重要性。

一个黄昏，大哲学家苏格拉底领着他的三个弟子来到一片麦田前。

"现在，你们到麦田里去摘取一株自己认为最饱满的麦穗。每个人只有一次机会，采摘了就不能再换。"

三个弟子欣然前行。第一个弟子没走多远，就看到一株大麦穗，如获至宝地摘下。可是，越往前走，他越发现前面的麦穗远比手中的饱满。他懊恼而归。

第二个弟子吸取前者的教训，每看到一个大麦穗时，他总是收回自己伸出去的手：更大的麦穗一定在前头。

麦田快走完时，两手空空的弟子情知不妙，想采一株，却又觉得最饱满的已经错过。他失望而归。

第三个弟子很聪明。他用前三分之一的路程去识别怎样的麦穗才是饱满的麦穗，第二个三分之一的路程去比较判断，在最后的三分之一的路程里他采摘了一株最饱满的麦穗。他自然满意而归。

如果把苏格拉底的三个弟子归类，那么显然第一个是属于"先做了再说"之列。"先做了再说"，省略了思考过程，必然会导致行为的盲目性与无序性，其结果当然"懊恼而归"。第二个当属于"等等再说"之列。"等等再说"，总是在思索、观望这个台阶上停滞不前，"只想未做"必定两手空空，"失望而归"。第三个弟子则是"先准备后做"。对事物有了充分的认识以及足够的判断之后，才不慌不忙地出手，他当然能够"满意而归"。

可见，准备是事情进行过程中最重要的基础步骤，如果毫无准备，莽撞行事，肯定是空手而归。所以在做事情前讲究三思，无非是提醒我们要做好准备，把未来有可能出现的风险和情况都分析好，这样当事情发生的时候才能有备无患。

所谓三思，无非包括一思：做什么，二思：怎么做，三思：怎么做到最好。知道了自己要做什么，接下来就要思考怎么做，就是做事的方法，如果做事方法得当，就会达到事半功倍的效果。

犹太人的杰出代表爱因斯坦曾说过："机遇只偏爱有准备的头脑。"这里的"准备"主要有三个方面：一是从商经验的积累。如果没有经验，就不能够对瞬息万变的商机准确把握；二是基本策略的准备，通过阅读资料，学习成功商人的经商之道，储备基本的商业策略；三是对风险的预测，未来是变化多端的，风险也是无时不在的，要时刻准备迎接风险的来临，做到兵来将挡，水来土掩。

事实上，磨刀不误砍柴工。做好准备与快速地把握时机并不矛盾，做事情要学会把握时机，同时在决策前还要多去思考。这样的人才有希望达到成功的彼岸，立于不败之地。

人们总是觉得上帝眷恋那些伟人，给他们机会赢得世界。就以牛顿的例子而言，难道苹果真的就只砸到过牛顿一个人吗？

事实上，牛顿一直在对重力问题苦苦研究。在这一漫长的过程中，牛顿思考了该领域内的许多问题及其相互之间的联系。可以说，关于重力的一些极为复杂深刻的问题他都反复思考推敲过。苹果落地这一为常人所不在意的日常生活现象之所以能激起牛顿的思考，能激起他灵感的火花并进一步作出异常深刻的解释，是因为在这之前他对重力问题已经有了深刻的理解。有许多发现和发明看起来纯属偶然，其实仔细探究就会发现，这些发现和发明绝不是什么天才灵机一动或凭运气得来的。在大多数情形下，它们都是从事该项研究的人长期苦思冥想的结果。也就是说，纯粹的偶然性虽以偶然事件的形式表现出来，但它其实是在不断实验和思考之后的必然结果。

也就是说我们要做好准备，机会到来的时候才能及时抓住。智慧的人一边注意着机遇的到来，一边不停地进行准备工作，支起网子罩住机会。在时机没有成熟的时候，要认真准备，积蓄力量，一旦时机成熟，就顺应形势，促成自己的事业达到高潮。

机遇或许就在某一个拐角处隐藏着，所以在未到达拐角的时候，我们要主动地去学习、去准备。这样才能在时机成熟的时候，使得以前所做的储备有用武之地，从而赢得商场上的战役。

每天积累点经验

让我们来看看罗斯柴尔德金融世家。

这个威震世界、影响欧洲政治经济200多年的家族是从一个叫梅耶·罗斯柴尔德的穷光蛋开始的。

梅耶·罗斯柴尔德生于1744年德国法兰克福一个脏乱不堪的犹太人社区，他在狂乱和反犹浪潮中度过了童年。但是，梅耶从来没有忘记他是上帝的特选子民，他相信只要自己不断努力，就能不断超越自己。经过不懈努力、苦心经营，他终于建立起了世界上最大的金融王国，其翻云覆雨的力量使欧洲的皇亲贵族也甘拜下风。罗斯柴尔德家族曾经是欧洲各国政府财政依赖的对象，对欧洲的政治、经济曾产生过巨大影响。纵观所有白手起家的大亨，其经历中的前半段无不是一点一滴持续累加式的努力，而其后半段的成果则以倍数相乘地回报他们所付出的努力。没有经历过孜孜不倦的点滴积累，不可能取得最后的成功。

梅耶·罗斯柴尔德亦是如此持续不断地一分一分积

累着在旁人眼里微不足道的小果实。虽然顺利地卖掉了一些古钱币，却没有赚得多少利润，生活仍然相当贫困。但他毫无怨言地拼命节衣缩食，设法四处收购各式各样稀奇古怪的古钱币。

为了能够卖掉他的古钱币，梅耶挖空心思地寻找独特的窍门。针对他的顾客都属于上流社会这一特点，他决定以邮购的方式有计划地推销古币给各地的皇亲贵族。他把各种非常奇珍或来历不凡的古币编印成精美的目录，并一一附上亲笔书信，寄给那些有希望购买的顾客。

虽然邮购业务在今天来说，是一种十分平常的推销手段，但在当时仍属于封建制度的社会，领主们各自割地称雄，邮政业很不发达，所以这无疑是一种超前的构想。况且，当时的教育不甚普及，一般只有颇具教养的人才懂得阅读与书写，因此梅耶的方式在其他行业很难仿效。梅耶对于制作目录力求做到尽善尽美。他独具匠心地采用颇具古风的文体来遣词造句，以突出他的商品的古风雅气。他不但反复斟酌每一个句子，对印刷也十分讲究，达不到效果的一概作废，重新印制。到后来，连那些编印《塔木德》的人都不得不为他精益求精的精神所感动。

凭着卓越的专业知识和这种独特的邮购方式，梅耶的生意逐渐打出了知名度，由此慢慢步入佳境。

许多人处心积虑地想找出一条一举成功的捷径，但这样的可能性太小了。只有对生活处处留心，把每天的经验都积累起来，诀窍才会自然而然地像创作的灵感一样突然迸发。

诚信是经商的灵魂

犹太民族的先知训示他们的后人说：

"你们不可行不义。要用公道天平、公道砝码，公道升斗、公道秤。"

他们的要求是具体的：

　　不可有一大一小两样的砝码和量器。

　　批发商每个月清洗一次量器，小生产商一年清洗一次。

　　小生产商要经常清洗砝码，以其不发黏为度。

　　店主每周要清洗一次量器，每天清洗一次砝码，每称完一样东西都擦拭一次天平。

诚信是犹太商法的灵魂，是商业活动的最高技巧。犹太商法不仅要求商人"把坏豆子从容器里清除出去，而不能放在消费者看不到的容器的最下面"，还禁止在买卖中用颜料涂描衰老的奴隶、病弱的牛羊以及陈旧的器具。

这样做的目的就是把这些"商品"的缺点暴露出来。然而，他们既要把商品的缺陷说给顾客听，又要大声宣布"我的货是最好的"。

彻底的诚信并不意味着他们放弃了对世界的修饰。为了使世界看起来漂亮一些，犹太人的先知允许人们把好衣服洗得更光鲜，把麻布衣服拍打得更薄更精致，把窗子和篮子涂上艳丽的色彩。

犹太商人认为欠债不还是一种过错。

现代犹太人对诚信的阐述当然更贴近现代社会。诚信就是财路，就是商业活动中最高的技巧。无论在西方世界还是在东方世界，无论是对大商人而言还是对小商人而言，这条犹太商法无时无刻不在得到证明。

他们明明白白地告诉顾客"我要赚钱"，他们让世界清清楚楚地看着他们怎样靠诚信合理合法地赚钱。

犹太商人绝不奸诈。在世界商业史上第一个提出"不满意可以退货"的就是犹太商人。这个人是朱利叶斯·罗森沃尔德。罗森沃尔德是美国希尔斯·罗马克百货公司的老板，这句闻名于世的口号提出于20世纪初。

重视广告和善做广告，只是现代犹太商人的经商之道。在《塔木德》里，是明确禁止商人使用广告作为推销手段的。犹太人认为，从某种意义上说，这类行为可以说是耍花招，在骗人去购买或进行交易。

《塔木德》禁止在交易中进行虚饰的行为。例如禁止卖牛的时候在牛身上涂抹不同的颜色，也反对把其他各种动物的毛发弄得硬邦邦的。因为牛涂上颜色会比原来更漂亮，动物的毛发弄得硬邦邦就会使动物看起来更大些。另外，动物的肚子不应该被充气，它的肉也不应该浸在水里而使它外观上好看。

犹太拉比们告诫商人不能在各种工具上涂抹颜色而出卖，因为工具涂上新涂料可以使其显得更新颖、更漂亮。

总而言之，在犹太法律中，为求欺人耳目而在物品上面涂抹颜色的行为是被禁止的。

有个奴隶染黑头发，并在脸上涂抹化妆品，以使自己显得年轻，来达到欺骗买主的目的。《塔木德》告诫说这也是不合法的，应该禁止。

此外，《塔木德》里也禁止商人在销售商品时附上任何名不副实的称号。

犹太法律禁止广告，实质上是禁止虚假广告。他们并不反对实事求是的正当广告的宣传作用。在他们看来，一切生意都必须限定在诚实的范围内。

这就是犹太人的商业广告智慧。

学会思考，善于思考

在犹太人的商业法则中，重要的是要学会思考。这里的"思考"不单是指对知识的理解、咀嚼，更是指对环境、变化的种种反应。

犹太人善于思考，因此他们在商业上才会有如此突出的成就。如果我们生搬硬套他们的挣钱之道，而自己不去思考，一定会像下面的法国人一样可笑。

有一次，两个法国人和两个犹太人搭火车旅行。法国人很单纯，每人买了一张票；而犹太人精打细算，两个人只买了一张票。法国人见到这种情形，就问犹太人："你们只有一张票，那列车长来查票时，你们怎么办？"犹太人神秘地笑而不答。

上了火车不久，便传来列车长查票的声音。只见两个犹太人挤进一间厕所。列车长查票，来到他们的车厢，敲了敲厕所的门，说："车票看一下！"门开了一条缝，一只手拿着一张票伸出来。列车长怎么也想不到一间厕所内竟会躲着两个人。他看过了票，说道："嗯，好了，谢谢!"又把票从门缝中塞了回去。

到了目的地,他们四人玩得很尽兴。踏上归途买票时,两个法国人心想:"犹太人的方法真不错……"于是他们经过讨论后,决定也买一张票。轮到犹太人时,只见他们摇摇头,说这次就不买票了。

上了火车,两个法国人期待着:不知道犹太人又有什么好方法。上车不一会儿,列车长又来查票了。法国人顾不得观看犹太人的新招数,两个人赶紧钻进了厕所。又是"咚咚"两声,犹太人敲了敲厕所的门,门应声而开,一只手拿着一张票,从门缝中伸出来。犹太人说道:"嗯,谢谢!"

两个犹太人拿了票,立刻往前一节车厢的厕所奔去。

法国人本想学犹太人的做法省点钱,没想到丢了一张票。虽然是则幽默故事,但从中我们能认识到对任何事情都需要进行独立思考,不思考就会犯错误。一来故事中的犹太人就很善于思考,回来时甚至连一张票都省掉了。在法国人想到一时,犹太人早就想到了二。

犹太人在法庭上有这样一种规定:如果所有的法官都一致判定某个人犯罪,那么这个判决是无效的。因为都是一样的观点,说明这个案子大家都只看到了一个方面,而忽略了另一个重要的方面,因而大家的观点都是片面的,不具有客观性。如果一部分法官认为是有罪的,而另一部分法官认为是无罪的,那么这个判决就被认为是客观的,是有效的判决,因为有不同的观点出来,证明大家是从各个角度看问题的,是比较全面、客观的评价。同样，在做证的时候，至少必须有 3 个证人出具证明才可以证明这个人有罪。因为这 3 个证人是从不同的角度来阐述这个人的犯罪情况，因而他们的意见可以采纳。

做生意要打心理战

凭借"心理学"来实现推销自己产品的目的，可以说是犹太人的一个特长，因为他们明白暗示的最大好处在于暗示者不需要有任何承诺，而受暗示者就可能作出种种"投己所好"的允诺。但既然是自己说出的话，事后就只能怪自己话语太多，而与暗示者毫不相干。

这种暗示战术，犹太人对此有一则故事。

沃尔夫森是一个移居美国的犹太人的儿子，在20世纪五六十年代时，他被誉为金融奇才。他从负债经营开始创立了自己的实业道路。他向人借了1万美元，买了一家废铁加工厂，将之变成了一个赢利的企业。刚过28岁的沃尔夫森，财产一下突破了百万美元的大关。

1949年，沃尔夫森以210万美元的价格买下了首都运输公司，这是设在美国首都华盛顿特区的一套地面运输系统。沃尔夫森有能力把亏损的企业办成赢利的企业，这是大家都知道的。但这一次，还没来得及做到这一点，沃尔夫森就公开宣布，公司将要增发红利。诸如此类的手法本身并没有特别出奇的地方，只是沃尔夫森发放的红利超过公司这一段时间的赢利。这等于说，他以贴出公司老底的办法，来人为制造企业赢利的假象，借此策动人心，让公众产生对该企业的过高期望。

果然，首都运输公司的股票在证券市场被大家看好，价格一路上涨，趁此机会，沃尔夫森将其手中的股份全部抛出，仅此一举赢利竟达 6 倍。

沃尔夫森的实业王国当然不是完全靠策动人心建立起来的，但也不可否认，策动人心确实加快了其形成过程。

每个人都有一道心理防线。在他神志清晰的时候，职业刺探者也束手无策。

"怎么办？"

"将他击昏。"心理学家的回答肯定让你大吃一惊。

事实上，并非真正去把消费者打昏，而是对他们进行心理催眠，让他们"神志不清"，甚至"休克"过去。

催眠的方法很多，暗示是其中较为有效的一种。暗示过程实际上是使人不发动自己的判断力，陷入某种精神状态（头脑不思维）或采取某种行动（下意识的行动）。

催眠可以强化回忆的能力，使人想起潜意识中很久之前的往事。例如，一位男士经过催眠之后，竟能将 20 年前的汽车广告词一字不漏地讲出来。

例如，一家电影院在放映过程中，突然插入了一段冰激凌广告，时间很短，一晃而过，观众还没有意识到是怎么回事时，广告已经消失。但在观众的潜意识中却留下了深刻的印象。看完电影之后，大家都到剧院外的售货亭买冰激凌，效果极佳。这则广告对于人们的购买行为起到了暗示作用。

可口可乐公司也用过这种方法，结果发现，影院旁的可口可乐销量提高了18%。

每一个人都很容易受到暗示的影响。例如，消费者看到某种品牌维生素的广告词"疲倦是疾病的开始"，就会受到"我是不是病了"的暗示，于是就感到越来越疲倦，只好遵从广告宣传，服用那种维生素，疲劳就自然消失了。

也许消费者根本就没有疲倦，只是由于暗示的影响而产生了这种幻觉。

哪些人更容易受暗示影响？女性容易受到暗示的影响，男性一般比较理性，不易受影响。

所以，以女性为对象的商品，利用这种暗示，效果一定不凡，如"乌溜溜的秀发谁不爱（洗发精）""让你提前下斑（化妆品）"。一句"味道好极了（雀巢咖啡）"，更是让国人皆大欢喜。

按年龄来讲，年轻人较易受到暗示的影响，特别是儿童。某家食品公司印制了一些儿童玩具画册，与一般画册一样，只是在每页的左下角印有自己的商标图案，这些图案便在幼儿的脑海中留下深刻的商标印象。儿时的记忆对于将来的购买行为会产生一定的影响。其他如赠送有商标的气球、广告儿歌等。一些开发儿童智力的产品，对孩子及其父母都有一定的暗示作用。下次见到这种商品时，他们便会有购买的冲动。

暗示需要讲究策略。暗示过程一般分两个阶段：首先使消费者产生一种想法，然后在想法的基础上采取行动。针对不同的商品、不同的人采取不同的策略。

　　例如，我们常见的一种名叫命令性策略的暗示。这种策略将内容和目的直接告诉对方，使他们产生危机感，迫使他们果敢行动。如"数量有限，欲购从速""清仓大甩卖""紧急行动，除夕大赠送""跳楼""放血"之类的广告语。

　　命令性策略要求暗示语言精练。现代生活节奏紧张，消费者没有过多的时间去思考为什么甩卖，因此，这种暗示会条件反射地引起消费者的兴趣。"跳楼大甩卖"会使消费者想到降价甩卖，于是消费者就产生了一种购买欲望。

倒用法律赚钱

倒用法律赚钱是犹太人外汇买卖的绝活。作为"契约之民"的犹太人，居然在遵守契约的前提下，凭着自己的智慧和谋略极为理性地赚取金钱。

1971 年 8 月 16 日，美国总统尼克松发表了保护美元的声明。精明的犹太金融家和商人立刻意识到，美国政府此举是针对与美国有巨大贸易顺差的日本的。犹太人又从情报中获悉，美国与日本就此问题曾多次谈判。一切的迹象表明：日元将要升值。更令人吃惊的是，这个结论不是在尼克松总统发表声明后，而是在半年前得出的。

众多的犹太金融家和商人根据准确的分析结论，在别人尚未觉察之时，开展一场大规模的"卖"钱活动，把大量美元卖给日本。据日本财政部调查报告，1970 年 8 月，日本外汇储备额仅 35 亿美元，而 1970 年 10 月起，外汇储备额以每月 2 亿美元的速度在上升。这与日本出口贸易发展有关，当时日本的晶体管收音机、彩色电视机及汽车生意十分兴隆。但美国犹太人已开始渐渐向日本出"卖"美元了。到 1971 年 2 月，日本外汇储备额增加的幅度更大，先是每月增加 3 亿美元，到5月竟增加15亿美元，当时日本政府还蒙在鼓里，其新闻界还把本国储备外汇的迅速增加宣传为"日本人勤劳节俭的结果"，似乎日本各界人士尚未发现这种反常现象正是美国犹太人"卖"钱到日本的结果。

在尼克松总统发表声明的1971年8月前后，美国犹太人"卖"美元的活动几乎到了疯狂的程度，仅8月一个月，日本的外汇储备额就增加了46亿美元，而日本在第二次世界大战后25年间总流入量仅35亿美元。

1971年8月下旬，也就是尼克松总统发表声明10天后，日本政府才发现外汇储备剧增的原因。尽管立刻采取了相应的措施，但一切都已晚了。美国犹太人预料的事情发生了：日元大幅度升值。日本此时的外汇储备已达到129亿美元。后来日本金融界算了笔账，美国犹太人在这段时间拿出1美元，便可买到360日元（当时汇率）；日元升值后，1美元只能买308日元。也就是说，日本人从美国犹太人手里每买进1美元，便亏掉52日元，犹太人却赚了52日元。在这几个月的"卖"钱贸易中，日本亏掉6000多亿日元（折合美元20多亿），而美国犹太人却赚了20多亿美元。

日本有严格的外汇管理制度，犹太人想靠在外汇市场上搞投机活动是根本不可能的，但日本大蚀本却是真实存在的。此外，美国犹太人如此异常的大举动，日本人为何迟迟未曾发觉呢？犹太人又是如何得手的呢？这就涉及有"守法民族"之称的犹太民族依法律的形式钻法规的空子、倒用法律的高超妙处。这恐怕也只有受过"专业熏陶"的犹太民族才能演绎此法。

从 1971 年 10 月起，日本外汇储备额以每月 2 亿美元的增加速度在上升，而这正是日本的晶体管电子及汽车出口贸易十分兴隆的结果，这个增加速度是很正常的。

在日本自己看来，日本的《外汇预付制度》是非常严密的，但犹太人却看出了它有大漏洞。《外汇预付制度》是日本政府在战后特别需要外汇的时期颁布的。根据此项条例，对于已签订出口合同的厂商，政府提前付给外汇，以资鼓励；同时，该条例中还有一条规定，即允许解除合同。

犹太人正是利用外汇预付和解除合同这一手段，堂而皇之地将美元卖进了实行封锁的日本外汇市场。

美国犹太人采取的方法事实上很简单，他们先与日本出口商签订贸易合同，充分利用外汇预付款的规定，将美元折算成日元，付给日本商人。这时犹太人还谈不上赚钱。然后等待时机，等到日元升值，再以解除合同方式，让日本商人再把日元折算成美元还给他们。这一进一出两次折算，利用日元升值的差价，便可以稳赚大钱。

从这则"日本人大蚀本"的事例中，不难看出犹太人成功的经营思路在于"倒用"了日本的法律，将日本政府为促进贸易而允许预付款和解除合同的规定，转为争取预付款和解除合同来做一笔虚假的生意。这样，日本政府却只能限于自己的法律而眼睁睁地看着犹太人在客观的形式上绝对合法地赚取了他主观上绝对不认为合理的利润。

做生意要双赢

1844 年，德国维尔茨堡的一个叫莱曼的犹太人同两个弟弟一起移民到了美国的亚拉巴马州，并开了一家杂货铺。

亚拉巴马是一个产棉区，农民手里多的是棉花，但常缺现钱，所以更愿意用棉花交换日用杂货。但是很多商人觉得现金比较保险，不愿意收棉花。莱曼兄弟与其他杂货商不同，他们积极鼓励农民以棉花代替货币。因为他们明白，在这里要赚钱，首先要解决这些农民的问题，帮助他们销售掉积压在手中的棉花，农民获得了利益，这样才能和他们长久合作。

以棉花相交换的买卖方式，不仅解决了那些农民的困难，有利于吸引那些一时没有现钱的顾客，扩大销售，而且在以物易物并处于主动地位的情况下，有利于主导棉花的交易价格；另外，经营日用杂货本来需要进货运输，现在趁空车进货之际，顺便把棉花销出去，还省下了一笔运输费。

这种"一笔生意，两头赢利"的经营策略，很快使莱曼兄弟由杂货商发展成了经营大宗棉花交易的商人。1887 年，他们在纽约证券交易所中获得了一个席位，成为一个"果菜类农产品、棉花、油料代办商"。从此以后，他们走上了大规模的发展道路。

任何人创业、做生意都不是孤立的，顾客、员工和合作伙伴是不可或缺的。那么创业者如何处理与他们的关系呢？

犹太商人在经营策略的制定中，非常推崇双赢策略。双赢是一种基于互敬、寻求互惠的思维模式。只有在双赢思维下，才能实现冲突各方的利益均衡，找到彼此之间的利益支点。

在商战中，犹太人十分重视合作，他们认为找一个合适的合作伙伴是成功的一半。良好的合作伙伴不仅能取长补短，共同承担风险，还可以增强双方的力量，达到 1 +1 >2 的效果。同时，犹太人会充分考虑对方的利益，他们认为合作双方都不能获利的生意不是好生意。

那么怎样才是满意的合作伙伴呢？

人们一般都愿意与有实力的伙伴合作，其实这并不一定是好事情。与有实力的伙伴合作看似能够为自己创造一片阴凉，但是也面临着对方以强欺弱、大鱼吃小鱼的不良后果。

犹太人愿意和知识渊博、精明能干且适合自己的人合作。也就是说，犹太人喜欢选择合适的合作伙伴，而不是选择最强的合作伙伴。正是由于犹太人以理智的头脑选择合作伙伴，因此他们的合作往往是成功的。而且犹太人的合作不受感情的影响，只要情况需要，即使是竞争对手也会毫不犹豫地进行合作。

　　莱曼兄弟的产业传到第二代莱曼的手里时，商行的实力已经扩大到运输业和橡胶轮胎业。20 世纪 60 年代，美国步入经济繁荣期，莱曼公司把全部资金都投向了联合大企业。当时，公司大出风头，成为企业兼并和盘购狂潮的领头人。

　　为了利于竞争，莱曼公司于 1977 年与另一家犹太银行库思·洛布公司合并。库思·洛布公司是与莱曼兄弟公司同时发展起来的，它们一直是商业上的竞争对手。可是为了更有利于彼此的发展，它们毫不犹豫地走到了一起。两个公司合并后，新银行在最大的投资银行中排名第四。合并不仅具有历史性，而且把莱曼兄弟公司在国内的实力和库思·洛布公司在国外的特长集于一身。按当时媒体的话来说，这"使华尔街最好的两家公司合并为一体了"。莱曼公司这种和竞争对手合作的方法，使公司得到了良好的发展。

犹太巨富摩根说过："竞争是浪费时间，联合与合作才是繁荣稳定之道。"

　　聪明的人感谢自己的竞争对手，愚蠢的人诅咒自己的竞争对手。犹太人具有超强的聪明智慧，他们善于和自己的竞争对手合作，从而避免了两败俱伤，形成了双方的优势互补，共同获得发展。比如洛克菲勒的合作伙伴，大多曾是你死我活的劲敌，他兼并近百家石油企业成立的"托拉斯"，曾经一度彻底垄断了美国的石油工业。

　　不同的企业，在管理、人才、市场、业务、地域与核心技术等方面可能各具所长，也各有所短。只有承认各方的优势和互补性，携手合作，才能做出更大的市场蛋糕，为大家带来更大的利益。

　　合作就像找对象，各自有不同的标准和不同的需要，不能一概而论。但创业者有必要注意的是，不学无术、没有特长，对人持怀疑态度、不以诚相待，善于巴结逢迎、见风使舵，思想僵化保守、不能跟上时代节拍且一意孤行的人均不能合作。

　　犹太商人不仅追求与伙伴合作双赢，还追求与顾客双赢。

　　《犹太人的经商"圣经"》一书中指出：犹太人做生意，要保证双赢，做到有钱大家赚，越是精明的犹太商人，越是注意不侵害顾客的利益。犹太人认为，经营品质低劣的商品坑蒙顾客就是播种仇恨，微笑带来的则是滚滚财源。由于顾客是直接消费者，一种商品是否好用、质量好不好，顾客最有发言权。企业如果能经常听取消费者的意见，不断改进工作，就会招徕更多顾客，做成大批生意。

　　美国底特律有位叫伦纳德的犹太老板，他从经营中总结出一条经验："对于企业来说，顾客的建议、要求和挑剔总是对的，是绝对真理。"

　　　　有一次，有位妇女提着一只火鸡找到市场经理，说那只鸡干瘪无味，要求退换。经检验，这并非店方的责任，而是由于这位妇女烹饪技术不佳造成的。按理说可以不换，但店方还是给她换了一只。

从此以后，这位妇女经常光顾，一年时间便从这个店买了5000多元的商品。伦纳德将此经营法称为"顾客真理效应"。

两千年的经商活动使犹太商人悟出了只有给消费者带来利益，交易才能顺利进行，自己才可以获得财富的经商之道。他们深深体会到商业活动中"竭泽而渔"的害处，他们的经营原则是互惠互利。他们在让顾客满意的同时，还让员工，甚至整个社会都可以从犹太商人的经营活动中获利。

英国最有名的百货公司"马克斯－斯宾塞百货公司"，是由犹太人以色列·斯宾塞和他的姻亲兄弟西蒙·马克斯共同创建的。

他们的公司一直"微笑"着做生意，真正做到了价廉物美。公司不仅以优质低价引领着英国业界的一股浪潮，还以周到的服务成为英国业界的一个范例。

让顾客满意的同时，以色列·斯宾塞和西蒙·马克斯也让员工感到满意。他们虽然对员工要求极高，但为员工提供的工作环境和福利待遇在全行业中也数一数二：员工的工资在全行业中最高，还专门为员工设立保健诊所和牙病防治所。由于这些优越的条件，有人称马克斯－斯宾塞百货公司为"一个私立的福利国家"。由于以色列·斯宾塞和西蒙·马克斯顾及顾客和员工的切身利益，在社会上树立了良好的企业形象，人们将马克斯－斯宾塞百货公司看作国内同行业中最有前途的企业，大量的投资者纷纷慕名而来，公司的经营情况蒸蒸日上。

　　犹太商人笃信这样一则信条：只有顾及他人的利益，才能取信于人，才会拥有更多的朋友与财富。所以，创业者在追求财富时绝不可只顾眼前小利，要将目光放长远，只有采取"双赢"策略才会拥有更为广阔的市场，才可以赢得更多的利润。

做事要出奇制胜

犹太人做事的时候一般都喜欢出奇制胜，他们认为使用的招数越奇特，成功的希望就越大，胜算也就越大。做生意不能随心所欲，商家必须围着商场的规则转，才能将自己的生意越做越红火。普通的方法太大众化，不容易取得成功。用别人没用过的新方法，才能从众商家中脱颖而出。

犹太人富有经济头脑，无论是小孩子赚零花钱，还是金融大亨赚取高额利润，他们都会想出一些奇特的办法将自己的生意做红火。有些方法的确使人感到耳目一新，他们就在种种奇特的招数下赚取令人艳羡的财富。

20 世纪 70 年代的石油危机影响了世界经济的发展，正在这个时候，美国西部却传来了一个令石油界为之振奋的消息：在得克萨斯州发现了一块储量丰富的油田。接着就传出了令所有石油界人士激动的消息——联邦政府要拍卖这块油田的开采权。各石油公司闻风而动，他们纷纷筹措资金，大家都知道，谁能得到这块油田的开采权，谁就能在今后的几十年守着一个金矿，丰厚的利润将会源源不断地流入腰包。谟克石油公司也对这块肥肉垂涎欲滴，可是仅凭自己上百万元的资产，怎么和那些石油大亨竞争呢？谟克公司的董事长道格拉斯陷入了沉思。忽然，他有了一个主意，他们公司是花旗银行的老客户，所有的资金都存在该银行，能不能请银行的总裁琼斯出面，将这块肥肉拿下呢？琼斯是美国无人不知、无人不晓的银行大王。在与琼斯通过电话后，琼斯答应帮助他。琼斯问他最多能出多少钱，道格拉斯表示自己最多只能出100万美元，再多的资金自己实在拿不出来了。于是琼斯就告诉他会帮助他，但是能不能成功，就只能看天意了。拍卖的那天，所有知名石油公司的老板纷纷到场，大有志在必得的势头，谟克石油公司是最小的一家公司。拍卖会快开始的时候，琼斯姗姗来迟，石油大亨们看见琼斯到场，感到非常惊讶：难道银行巨头也要投资石油？所有的竞争者都乱了阵脚，因为如果琼斯想买这块油田，恐怕大家都不是他的竞争对手。道格拉斯看到这一幕，心里乐滋滋的，他坐在一个角落里，悠闲地看着眼前的一切。拍卖会开始了，经纪人报出底价：50万美元，每个拍卖档的价格是5万美元。也就是说，谁想报价，只需举一下牌子，就会在原价格的基础上增加5万美元。经纪人刚报出价，琼斯就举起牌子："我出100万美元。"所有的人都震惊了，银行巨头如此财大气粗，直接就将价格喊到100万美元。其他人都不敢出价了。"100万美元，7号报价100万美元，还有没有报价的？"经纪人连喊3遍之后，郑重宣布，油田的开采权归谟克石油公司所有，整个拍卖会只进行了 5 分钟，这也是有史以来时间最短的拍卖会。

谟克石油公司最终得到了油田的开采权，假如道格拉斯按照原有的思维来思考这件事，那么无论如何油田的开采权都不会落到他的手里。正是因为他用了一种奇特的招数，借助银行总裁的权势最终得到了这块油田的开采权。

人们在遇到棘手的问题时，不要总是想着这件事自己肯定做不成，应该思考用什么办法才能将这件事做成。如果用常规的办法解决不了，就用一些奇特的招法，出奇制胜的招法有时候恰恰就是解决问题的金钥匙。

财富并不能解决所有的问题。谟克石油公司虽然没有钱，但是道格拉斯凭借自己的智慧将有丰厚利润的油田开采权拿到了手。当今是一个智力大比拼的时代，财富已经不再是万金油，拥有智慧比拥有金钱更能在社会上生存，财富总有用完的一天，但是智慧永远也不会枯竭。竞争其实就是智力的竞争，谁拥有赚钱的智慧，谁就能在社会上如鱼得水。如果没有赚钱的智慧，只是按照寻常的办法挣钱、用钱，终究会被时代列车甩出去。

学会借鸡下蛋

《塔木德》经常教导犹太人要学会借别人的鸡下自己的蛋。在没有任何可以创业的东西时，我们可以借助外力帮自己实现自己一心想做的事。《塔木德》告诫人们，即使自己一无所有，也可以想办法借助别人的力量实现财富的积累。

在日本东部有一个名叫鹿儿岛的小岛，由于这里气候湿润、鸟语花香，每年都会有大量游人来这里观光旅游。有一位犹太人名叫安德森，他在日本经商多年。第一次登上鹿儿岛之后，他就决定放弃自己的生意，在这里开一个度假村。一年后，度假村终于落成，但由于度假村处在一个没有树木的山坡上，很多游客来了之后都会感到很扫兴，于是有些人就建议安德森在山上种一些树木。安德森也觉得这是一个很好的主意，但是这样做需要一笔很大的开销，而且雇用工人也不是一件很容易的事情。不过，安德森毕竟是犹太人，天生就是做生意的料，他脑子一转，就想到了一个借鸡生蛋的妙招。他在度假村的村口以及其他一些地方的招牌上打上了一条这样的广告:"各位亲爱的游客,你想在鹿儿岛上留下永久的纪念吗?那么请来鹿儿岛度假村的山坡上,为你的旅行或者婚姻栽一棵纪念树吧!"在都市里生活的人们都喜欢绿色,毕竟在大都市里,除了废气和噪声,根本就没有多少新鲜的空气,而且,亲自种上一棵属于自己的树,这样的活动确实比较有纪念意义。于是,自从安德森将这条广告打出去以后,一时间来鹿儿岛旅游的人数大增,度假村顾客盈门。安德森为顾客准备了一些树苗、铲子和浇灌的工具,并提出了一些种树的规定,收取每个顾客300日元的树苗费,并给每棵树配上一块木牌,由游客亲自在上面刻上自己的名字,到此一游的人都觉得这样做的确非常具有纪念意义。一年下来,除住宿费外,度假村收取了1000多万日元的栽树费,扣除树苗工本费400万日元,还赚了600多万日元。几年后,随着幼苗成材,以前光秃秃的山坡变成了绿色的山坡。

安德森这种做法实在是高明,让你花钱,让你出力,同时还让你高兴而来,满意而归,聪明的安德森就是这样将不可能实现的事变成了一件可能的事。安德森凭借借鸡下蛋这样一种借力思维,将一片光秃秃的山坡变成了绿色的山坡。

成功的犹太商人经常使用这种借鸡下蛋的策略,这样既能为自己节省财力、人力,同时还能让消费者很满意。一些人不敢借别人的钱去做生意,因为他们怕自己还不上,就这样指望着自己有朝一日能攒够钱,然后再去做生意。拥有这种想法的人，不懂得如何抓住市场的行情。现代社会风云变幻莫测，假如此刻的你看中了某种生意很赚钱，但是因为没有资金而错失良机，等你凭借自己的力量终于攒够钱的时候，这种生意已经在市场上饱和了。所以，一旦把握不住机会，机会就会擦肩而过，而且永不回头。只有想做大事、有大气度的人，才会运用借鸡下蛋这种营销策略。

当然，虽然借鸡下蛋是一种很有效的经营策略，但是要想将它运用自如，还真不是一件简单的事情，因为要知道别人愿不愿意借给你鸡，人家借给你的是母鸡吗？你能确定它一定会生下蛋来吗？总之，借鸡生蛋也不是一件十分容易的事情，所以在运用这一策略的时候，一定要慎重考虑，千万不可贸然决定。

很多成功的犹太商人创业的时候，就经常运用借鸡下蛋这种策略，结果证明，他们的这种做法是正确的，因为他们已经用自己成功的经历向人们证明了这一点。假如你也想突破重重阻碍创立一番自己的事业，一定不要泄气，聪明的你也应该学一下犹太人创业的方法，试试借鸡下蛋的策略，只要运用得好，你也一样能成功。

营造和气的赚钱氛围

犹太商人强调和气生财，把人际关系搞得融洽和睦，从而让自己的生意欣欣向荣。这种经商之道，是以"和"为原则，以"善"为办事宗旨。

如何才能生财，犹太人首先着眼于管理内部，他们期望营造一种和和气气的挣钱氛围，避免引起矛盾冲突。

路德维希·蒙德是犹太实业家中不多见的一个，他不是靠金融技巧，而是完全靠自己的专业知识从事实业的。蒙德于1839年出生于德国卡塞尔，后移居英国。他在学生时代曾在海德堡大学同著名化学家布恩森一起工作，发现了一种从废碱中提炼硫黄的方法。他将这一方法带到英国，几经周折，才找到一家愿意同他合作开发的公司。结果证明他的这一专利是有经济价值的。后来，英国和欧洲的许多公司都申请使用这种方法，这使蒙德萌发了自己开办化工企业的念头。蒙德买下了一种利用氨水的作用使盐转化为碳酸氢钠的方法，这种方法是他一起参与发明的，当时还不成熟。

蒙德在柴郡的温宁顿买下一块地，建造厂房。当地居民担心大型化工厂会破坏生态环境，反对他在那里建厂，并拒绝为他工作。

　　蒙德不得不雇用爱尔兰人。建厂期间，他每天到现场监督，用威胁和诅咒来催促工人，他嘴上老挂着一句话："不要称呼我先生，我不是绅士！"其形象可想而知。

　　蒙德一边建厂，一边进行实验，以完善这种方法。第一次实验失败之后，他干脆住进了实验室，昼夜不停地工作。经过反复实验，他终于解决了技术上的难题。尽管如此，他仍怕出问题，虽然他的住处离工厂只有几百码的距离，但他还是在卧室的窗户上安装了一只铃，拴上一根长长的绳子，连向厂区，以便万一在夜晚需要他时，能及时叫醒他。1874年工厂建成，开始时生产情况并不理想，成本居高不下，企业完全亏损，但蒙德并不气馁，加倍努力，终于在1880年取得了一项重大突破，产量增加了3倍，成本也降了下来，产品由原来每吨亏损5英镑变为获利1英镑。

　　在吞并附近一家和他竞争的企业之后，蒙德和他的主要合伙人约翰·布隆内尔一起，把他们的工厂扩大为"布隆内尔－蒙德公司"。当时拥有名义资产60万英镑，短短几年之后，布隆内尔－蒙德公司成了全世界最大的生产碱的化工企业，同时在生产碱的化学工艺上取得了重大突破，但世人认为，该公司在改善劳资关系方面的建树更有革命性的意义。在英国，他们是最早给工人每年一周假期，休假期间工资照发的雇主之一，只是有个条件，就是工人必须好好工作。实际上 42% 的工人获得了这种休假。这说明他们的条件有一定难度，但绝不是可望而不可即的。

　　蒙德此时已经非常富有、非常成功，各种荣誉也纷纷降临到他头上。他从事化学研究生涯的摇篮——德国海德堡大学授予他名誉博士学位；牛津大学和曼彻斯特大学分别授予他文学博士学位和科学博士学位；他担任了化学工业协会主席，成了英国皇家学会、普鲁士科学院和那不勒斯皇家学会的成员，而且还获得了意大利当局颁发的荣誉勋章。但所有这一切荣誉同日后英国公众在他儿子的工厂发生严重爆炸时所持的宽容态度相比，都几乎不足挂齿了。

赚有钱人的钱

现代社会贫富悬殊，在任何一个国家或地区，有钱人的数量远远少于中产阶级和穷人，但有钱人所拥有的财富却远远超过了中产阶级和穷人。中产阶级和穷人拥有的财富仅为社会总财富的22%，而有钱人的财富份额却达到78%。因此，犹太商人以拥有总财富份额78%的有钱人为经商对象，赚取有钱人的钱。

这就是犹太人总结出来的举世闻名的经商法则——78：22法则。犹太人一致认为，经营的行业以富人为服务对象，出售有钱人需要的商品，如金银首饰、钻石、股票、高档服装，肯定能够获得巨大的利润。日本的钻石经销商藤田是该法则的实践者和受益者。

1969年12月，憧憬着靠经营钻石来获取利润的藤田访问了东京一家百货公司，他希望该公司能够为他提供一个出售钻石的柜台。然而，百货公司的老板摇了摇头，慢条斯理地说："藤田先生，现在钻石生意并不像你想象的那样火爆，我们这个地区是有不少富人，但是我们也不敢确定他们会来购买昂贵的钻石。"

　　藤田先生费了好大的劲，凭借出众的口才和充足的理由，说服了百货公司的老板，终于在市郊一家分公司租到了经营柜台。这里地理位置偏僻，顾客并不多，藤田却充满了信心。他把一批价值昂贵的钻石从美国纽约运到东京，并趁机展开"年关大酬宾"活动。果然不出藤田先生所料，开业的第一天，营业额就达到了数百万日元，藤田抓住新年的大好时机，在附近地区又开展了几次大酬宾活动，结果销售总额超过了5000万日元。

　　这家百货公司几乎不敢相信藤田先生的销售业绩，惊叹之余，他们在公司总部为藤田专门提供了一个钻石销售柜台，第一个月的日营业额超过了1亿日元，两个月后的日营业额竟然突破了3亿日元。这就是成功运用"78:22"法则的一个典型事例。

　　钻石作为一种高级装饰品，备受高消费阶层人士的青睐，普通消费者阶层一般无力购买。从一些国家的统计数字来看，拥有巨大财富并居于高消费阶层的人数，比普通消费阶层的人数要少得多。人们常常会有这样一种错觉：消费者少，利润肯定不高。然而，他们错了。高消费阶层的人数虽然不多，但拥有大量金钱。一般说来，普通消费者的人数和高消费者人数的比例为78:22。但是他们拥有金钱的比例倒过来，恰恰是22:78。所以，犹太商人告诉人们：赚有钱人的钱比赚穷人的钱更加容易。

带着智慧赚钱

犹太民族是一个崇尚智慧的民族，就是在做生意赚钱的过程中，他们也十分尊重智慧。他们对金钱与智慧的关系是这么认为的：智慧只有化入金钱之中，才是活的智慧；金钱只有化入智慧之后，才是活的钱；活的智慧与活的钱难分伯仲，因为它们同样都是智慧与钱的完美结合。

因为犹太人对智慧的尊崇，或者说他们在赚钱当中体现的智慧，成就了犹太人很多经典的赚钱案例，不得不让人拍案惊奇、拍掌叫绝！

一个犹太人走进纽约的一家银行，对贷款部经理说："我想借些钱。"

"好啊，你要借多少？"

"1美元。"

"只需要1美元？"

"不错，只借1美元。可以吗？"

"当然可以，只要有担保，再多点也无妨。"

"好吧，这些是担保。"犹太人从皮包里取出价值50

万美元的现金、有价证券等，放在经理的写字台上。

经理傻了："当然，当然！不过，你真的只要借1美元吗？"

"是的。"犹太人说，然后就办完了手续。

经理越想越糊涂，拥有50万美元的人，怎么会来银行借1美元？他虚心地请教这位犹太人："我实在弄不清楚，您拥有50万美元，为什么只借1美元？而不是30万、40万美元呢？我们会很乐意为您服务的。"

"哦，是这样的，我来贵行之前，问过了几家银行，他们保险箱的租金都很昂贵。所以嘛，我就准备在贵行寄存这些股票。租金实在太便宜了，一年只需要花6美分（指1美元的一年贷款利率）。"

经理晕了，但不得不佩服犹太人的聪明。

贵重物品的寄存按常理应放在金库的保险箱里，对许多人来说，这是唯一的选择。但犹太商人没有困于常理，而是利用银行贷款的相关规则，通过贷1美元的方式，将财物交给银行保管。与存放在保险箱相比，一样的安全、保险，只是便宜多了。这就是犹太人的大智慧。

一颗豆子在遭遇冷落的时候，都有无数种精彩选择。那么一个人呢，至少应该比一颗豆子更坚强吧。

同样是卖豆子的商贩，豆子卖得动，直接赚钱当然最好。如果豆子滞销怎么办？一般人也许会降价销售，或者拿回家自己吃了算了，但犹太人会"折腾"出很多种办法。

首先，可以考虑将豆子沤成豆瓣卖，假如豆瓣也卖不动，那就将豆瓣腌成豆豉，如果豆豉还是卖不动，就将豆豉加水发酵，制作成豆子酱油，从而改卖豆子酱油。

其次，可以将豆子磨成豆腐卖，如果豆腐不小心做硬了，改卖豆腐干；如果豆腐不小心做稀了，改卖豆腐花；如果实在太稀了，就改卖豆浆。豆腐如果卖不动，搁点盐巴、调料什么的，放上几天，变成臭豆腐卖。如果还卖不动，就让它长毛彻底腐烂后，改卖腐乳。

最后，可以让豆子发芽成豆芽，改卖豆芽；如果豆芽卖不动，让它再长大点，改卖豆苗；如果豆苗还是卖不动，干脆再让它长大些，当作盆栽卖。而且，为了卖得好，还给它起一个很时尚的名字：豆蔻年华。再卖不动怎么办？那么就再次移植到泥土里，让它生长，几个月后，又会收获很多豆子。

再卖不动呢？已经这么多办法了，相信总有一种方式能够赚钱吧？所以犹太人说卖豆子的人应该是最快乐的。

犹太人就是这样，在赚钱中，没有被传统的经济观念和固有的思维定式所束缚，常用逆向思维、发散思维、跳跃思维等思维方式，异想天开、独树一帜，不在乎别人诧异的眼光，不在乎世人无聊的议论。不知不觉中，就将他人的钱赚走了。

有一个犹太人自己编出的笑话，正反映了犹太人这种运用智慧赚钱的精明的心态：

> 苏联制订太空计划，德国人、法国人和犹太人前来应聘。招考人员先问这几个应征者，需要怎样的待遇？
>
> 务实的德国人回答："我需要3000美元，1000美元给我的妻子，1000美元用作购房基金，1000美元自用。"
>
> 风流的法国人回答："给我4000美元我才肯干。1000美元给我的妻子，1000美元归还购房贷款，1000美元自用，还剩下1000美元给情人。"
>
> 聪明的犹太人则说："给我5000美元我才干，1000美元给你，因为你把项目给了我，1000美元归我，其余的3000美元雇一个德国人开宇宙飞船。"

我们来分析一下犹太人这个方案：犹太人并没有盘剥德国人，因为在这个方案中，德国人依旧可以如愿以偿地得到他的3000美元的心理价位；同时，这个方案也没有像法国人那样公然把妻子和情人一视同仁，从而越出了"合法"的界限；至于犹太人自己，既然允许自由开价，报得高一点也无可厚非；犹太人还给了招聘人员1000美元的回扣，这在流行回扣的社会里也不足为奇，而且比德国人、法国人更容易争取到"订单"；至于犹太人自己所赚的1000美元，只能归于其聪明的商业头脑。他们几乎什么都没做，只是试图把到手的"订单"转让一下，就可以从中净赚1000美元。

犹太人稍微动动脑子，就将事情摆平了，可以使招考人员、德国人和自己心满意足，自己还不必冒险。不管招聘者会不会采纳这个方案，任何人都不能不佩服犹太人的精明。

犹太人认为知识是死的，只有用它来解决问题，知识才能变成智慧。而且，他们认为能够赚钱的人肯定是拥有智慧的人，连锁店先驱卢宾就是这样一个拥有智慧的人。

因为家庭贫困，16岁那年，卢宾不得不随着当时的大潮流，离家到美国西部的加利福尼亚州去淘金，但历尽千辛万苦却没有挣到多少钱。善于观察和思考的卢宾发现，在矿区经营小买卖比淘金更能赚钱，因为千千万万的淘金者肯定需要很多日用必需品。于是，他放弃了淘金工作，做一些小食品的贩卖生意。果然不出他所料，生意蛮不错，使他赚到了第一桶金。

后来他的生意越做越大，卢宾又发现了一个新问题，商店不标价，靠买卖双方讨价还价是非常不利于销售的，也无法消除顾客对店家的不信任。而且，由于价格不一，没有一个参考标准，很多人就会想多逛几家店。

针对这种状况，卢宾想出一种全新的经营方式，叫"单一价商店"。所谓"单一价"，就是对每种商品的售价固定在一个价格出售，并采取明码标价，让顾客一目了然。由于卢宾这种经营方式货真价实，一扫当时的商业欺骗行为，赢得了广大消费者的信赖，因此生意极为兴隆，把远近的消费者都吸引过来了。而且这一经营方式给美国商业带来了一场大变革，为超级市场的出现开了先河，很快流行于全美国乃至全世界。

单一价商店的生意非常好，但随着顾客的增多，卢宾又发现，太多的顾客光顾造成了购物空间的拥挤，使得消费的速度难以提高，而且浪费了顾客宝贵的时间。另外，一个商店辐射范围总是有限的，太远的顾客显然不太可能都跑来这里消费。

于是，卢宾又想出了一个策略，那就是发明了"连锁店"的经营方式。他将许多店同货同价，而且店面设计、布局、装潢也相同。这样，就等于将一家店运用分身术变成了若干家，这样就能占领更大的市场，营业额就越来越大。10多年后卢宾成了大富豪。

犹太人就是如此靠智慧赚钱，把商业活动中的精明看作一件堂堂正正的事情，如此坦坦荡荡的胸怀、气定神闲的态度让他们与世界众多的商人相比，犹如鹤立鸡群。

为精明而精明

　　使犹太商人精明并越来越精明的诸多原因中，有一个极为重要且独具犹太特性的因素，就是犹太人包括犹太商人对精明本身的心态。世界各国、各民族中都不乏精明之人，这是毫无疑义的，但其对精明本身的态度却大不一样。犹太人不但极为欣赏、器重和推崇精明，而且是堂堂正正地欣赏、器重、推崇，就像他们对待钱的心态一样。在犹太人的心目中，精明似乎也是一种与生俱来的能力，精明可以以"为精明而精明"的形式存在。这当然不是说，精明可以精明得没有实效，而是指除了实效之外，其他的价值尺度一般难以用来衡量精明，精明不需要低头垂首地在宗教或道德法庭上受审或听训斥。

　　　　大名鼎鼎的犹太富商哈同是来上海的犹太人中唯一由赤贫而至豪富的人。他的精明在上海也是妇孺皆知的，几乎成了一个传说，还被看作犹太商人的典型。

　　　　1901 年，哈同独立开办了哈同洋行，专门从事房地产业。哈同做生意时的精明以及他对精明的心态，从他计算地租房租上就可以看出来。

哈同出租一般住房和小块土地的租期都较短，通常为3～5年。租期短既便于在需要时及时收回，又可以在每次续约时增加租金金额。在哈同的地皮上，哪怕摆个小摊子也得交租。有个皮匠在哈同地皮的弄堂口摆了个皮匠担，每月也要付地租5元。哈同每次向他收地租时，总是很和蔼地对他说："发财、发财。"但钱是一个也不能少的。

哈同计算租金的时间单位也与众不同。当时上海一般房地产业主按阳历月份收租，而哈同却以阴历月份订约计租。大家知道，阳历月份一般为30天或31天，而阴历月份为29天或30天，所以阴历每3年有1个闰月，第5年再闰1个月，19年中有7个闰月。所以，按阴历收租每3年可以多收1个月的租金，每5年可多收2个月的租金，而每19年可多收7个月的租金。

还有，哈同发达之后，曾花了70万两银圆建造了当时上海滩上最大的私家花园，名为"爱俪园"。为了便于管理园内职工，哈同对职工的职责和等级作了明确的规定，并让账房制作相应的徽章。即使这样一个表明工作职责的徽章，也要职工自己掏钱购买。

哈同的这种精明可说是已经到了极致，连每个月是29天还是30天都要算计一番。但反过来看，这样的精明固然需要一定的算计能力，但毕竟又用不了多少聪明，真正需要的恐怕还是一种心态，一种对于精明本身的心态。

随便什么地方，不但要想方设法地精明，而且一旦有了精明的点子，便理直气壮地付诸实施，而不顾及别人会怎样想。可以说，当时的同行采用了哈同收小租的办法而没有广泛采纳他按阴历计租的办法，既是一个不如哈同精明的表现，更是一个不具备哈同对精明的坦荡态度的表现。当其他民族的商人为了自己是否会显得过于精明而犹豫不决甚或将精明的点子搁置一边时，他们同犹太商人的距离也就拉开了，他们在同犹太商人的交易中也就必然处于下风的处境。

不去挤独木桥

    对于犹太人来说，赚钱的途径有千万条，千军万马去挤独木桥是最愚蠢的做法。他们认为经商不能跟在别人后面，那样只会别人吃肉自己喝汤，发不了大财。只要留意犹太富豪的发家史，你就会发现，要想获得财富并不一定非得跟着浪潮去淘金不可。好多人都以为赚钱的途径已被发掘得差不多了，事实上并非如此。对人们不以为意的很多东西，只要你善于利用、善于寻找这种冷门，照样可以找到发大财的机会。犹太商经就有这样一个奇怪的论点："冰几乎能用来换取任何东西，而几乎不用任何东西却能换取冰。反之，钻石几乎没有使用价值，然而却往往需要用大量的其他财物来换取它。"可见，我们的某些习以为常的观点有时是错误的。

    犹太人认为，只要你拥有良好的经济头脑和经营意识，即使是在人们看来根本不值钱的东西，你也能依靠它成为富翁。犹太商人弗雷德里克·图德便是有这种本事的人。

    1783 年，图德出生于波士顿的一个犹太人家庭。他的家境还算富裕。图德的 3 个哥哥都毕业于哈佛大学，家里都希望图德能继承这一传统。但是他对这种生活并不感兴趣。在他 13 岁时，他决定弃学，并试着学做香料生意。

1805 年，图德参加了堂兄德纳举办的一次酒会，他的堂兄非常有钱。在酒会上，他和堂兄德纳半开玩笑地设想了将冰从附近的弗雷什庞德运到南部各港口的可能性。在这些港口，冰可以卖高价。接着，他们还进行了几次讨论，并就技术和市场进行了广泛的调查，据此订出了一个计划。

后来，图德给堂兄写了一封长信，详细叙述了自己的想法以及打算为此做些什么。"毫无疑问，把冰带到热带的想法会使你感到震惊，"他写道，"但是当你考虑到下列情况时，我想你就不会再怀疑此事的可行性，并接受我即将向你提出的建议。"

别人已开了路，并以行动说明了这个想法是行得通的。图德还举了一些这类航行的例子：一位美国船长运了一船冰从挪威到伦敦，"他赚了很可观的一笔钱，虽然他就上税一事与海关交涉了很长时间"。

图德还写了一本《冰窖日记》，记录了他的想法和这个项目的进展情况。日记的字里行间，展现了一个仔细考虑了风险程度并努力把风险程度降到最低的企业家形象。图德力图取得专卖冰的市场。卖这种容易融化的商品，难以同别人竞争，因为在尚未找到合适的隔热材料的情况下，冰一运到，就必须尽快卖掉，否则便会损失惨重。图德经常去逛市场，因为他清楚，在从未使用过冰的人当中，冰的使用不可能自动推广。图德还努力寻求改进取冰的方法，他明白这是一个非常关键的环节。

在这位堂兄的大力支持下，图德投资 1 万美元，把 130 吨冰从波士顿运往马西尼克岛。对此，波士顿一家报纸作了特别报道："这不是儿戏，一艘装载冰块的货船已办好出港手续驶向马西尼克岛。我们希望这不会是一宗不可靠的投机买卖。"不久以后，图德跟着来到马西尼克岛，他希望向那些也许从未见过冰的未来的顾客说明怎样使用冰。对图德而言，想方设法出售这些冰是至关重要的，他想出要用这些冰做冰激凌。可那些外籍居民看到冰时非常惊奇，他们对图德的想法表示怀疑。一位经营蒂沃利公园的人坚持说，它不可能做成冰激凌，不等他把冰拿回家，它就会全部融化掉的。为了回答他的问题，图德劝他订购 40 磅冰，答应第二天上午就在他的家里制作冰激凌，结果冰激凌制成了。图德决心全力以赴地使这些人确信，他们不仅能够获得冰块，还能像在别的任何地方一样，在本地生产冰激凌这种美味的食品。而且这位经营蒂沃利公园的人第一个晚上就卖掉了 300 美元的冰激凌。

就这样，图德获得了一些鼓励，但还不足以赢利。在 6 周之内，他的存货渐渐融化了，图德付出努力所得到的一切却是 4000 美元的损失。但图德并没有气馁，他的船又驶向古巴，而且争取在圣克罗伊岛做好关于专卖权的安排。但图德并不走运，此时国际上的事变又使他遭受了挫折。1807 年，欧洲战争正在进行，杰弗逊总统为了保持美国的中立地位，下令实行禁运，这使图德的计划受到严重影响。于是他不得不返回波士顿。回家后他得知自己的父亲已经破产。

图德无力偿还债务，差一点被债权人送进监狱。之后他便只好待在自家的农庄里，直至禁运结束。战争结束后，不甘心的他又去寻找市场。这一次他不仅在加勒比海，还在南部各州寻找市场。他告诉医生们如何用敷冰袋去减轻病人的痛苦。他还经常鼓励自己：总有一天美国人会习惯于喝冷饮的。他以同热饮相同的价格出售冷饮，以使人们习惯喝冷饮。带冰的冷饮售价 1 磅（1 磅≈0.5 千克）10 美分，假如 16 杯冷饮合 1 加仑（1 加仑≈4.5 升），那么每杯只不过需要花半美分的冷却费。

19 世纪 20 年代中期，图德的生意已非常红火，但他仍坚持奋斗。在此期间，每年约有 3000 吨冰从波士顿运出，其中有 2/3 的冰是他运的。虽然竞争在加剧，但出售冰的生意前途似锦。图德利用自己的优势拼命降低冰的价格，并在总体上不断改进业务，从而击败他的竞争对手。

到 19 世纪中期，图德"冰王"的地位已稳如泰山。1856 年，图德用船运了 14.6 万吨冰到下列地方：菲律宾、中国、澳大利亚、西印度群岛和南部各州，图德就这样依靠谁也不重视的东西发了大财。

以上犹太人的事例充分说明了一个道理：在生意场上，你要见多识广，要有独到的经营眼光。特别是市场盲区的缺门生意、不起眼的冷门生意，只要用楔子精神，从缝隙挤进去，做别人想不到的生意，便一定会取得成功。

契约就是商品

　　犹太商人认为，一切物品都是商品，只要是能够赚钱的东西，都可以进行买卖，他们甚至将时间也当成商品来进行买卖，由此可见，"经商天才"的称号犹太人当之无愧。

　　犹太人的时间观念很强，他们认为时间可以用金钱来衡量。例如，你知道自己一年的收入，便可以计算出每分钟对你来说到底值多少钱。犹太人将时间也看成商品，给时间标上价格出售。

　　被称为"上帝子民"的犹太人，相信契约是神圣的，是与"神"签订的，他们签订契约后便会忠实地履行契约。然而，精明的犹太商人也绝不放过任何一个赚钱的机会，他们甚至依靠买卖契约而获利。

　　在犹太人的商法里，契约本身就是商品，出售契约益处良多。"契约"本是商谈双方签订的约定，它规定了双方所享受的权利和必须履行的义务。出售契约就是把享受的权利和履行的义务同时转让给"第三方"，条件是"第三方"以高价购买。卖"契约"的人有利可图，他既不需要经营具体的业务，也不需要履行契约规定的义务，仅仅依靠买卖契约本身就能赚取高额利润，这对于擅长经商的犹太人来说，又有何不可呢？因此，只要有利可图且不违反法律规定，他们就会毫不犹豫地出售"契约"。在现实中，犹太人同样收购契约，购买契约者代替出卖契约者履行契约所规定的义务，并且从中赚取利润。当然，犹太人对收购契约是非常谨慎的，他们仅从他们认为讲信用的商人处收购契约。

犹太人将这种靠买卖契约稳赚利润的人称为"贩克特"（译成汉语是"捐客"）。他们既不进行具体的商业活动，也不参加契约签订的仪式，所以很难全面地了解商业合作伙伴的实际情况。因此，他们在购买"契约"时采取保守的做法，只购买信誉良好的商人的契约。因为一旦出现闪失，付出的代价将是巨大的，他们不愿意冒这种风险。

在商界，随处可见"贩克特"，特别是在证券交易场所。现在的贸易商，或多或少都会有"贩克特"的介入，世界各地都是如此。犹太人的"贩克特"走遍世界，他们一般都瞄准一些信得过的大公司或大厂商。在日本，商界人士与"贩克特"的联系比较密切，特别是一些著名的厂商公司和派往海外的商社代表，他们几乎都与"贩克特"有业务来往。

　　日本藤田先生的公司与"贩克特"常有来往。

　　"您好，藤田先生，现在您在做什么生意？"犹太"贩克特"常常会问。

　　"嗯，刚和纽约的高级女用皮鞋商签订了一份10万美元的契约。"

　　"哇！正好，能把这项契约转让给我吗？我给您两成的现金利润。"

　　双方有意，于是一桩"契约"买卖很快便成交了。藤田先生不费吹灰之力，便取得了两成现金利润，犹太"贩克特"也因此获得了高级女用皮鞋输入的权利，再从皮鞋销售中获取更多的利润，交易的结果令双方都很满意。双方交易完毕后，"贩克特"手持契约，马上飞往纽约的那家皮鞋公司，宣称10万美元输入的权利是属于他的了。他们这么做的好处是不用直接参加契约的签订，而是直接用钱购买自己需要的契约。

　　当然，做契约买卖时要格外谨慎，"贩克特"们要有敏锐的洞察力，以免上当受骗。犹太人惊人的心算速度、渊博的知识和深邃的洞察力，决定了他们是天生的"贩克特"。

　　契约要成为商品，第一个前提条件是签约双方必须严格遵守契约，忠实地履行契约。否则，契约不会成为商品，即使成为商品，也是劣质商品，精明的"贩克特"是绝不会购买劣质商品的。请牢记犹太人的忠言："购买你信得过的契约，不要做没有把握的生意！"

永不停息地赚钱

　　商人们追求的就是利润，赚钱是商人的天职。通向富裕的道路只有一条，那就是永不停息地赚钱。

　　摩根是这样说的："犹太富翁们的致富秘诀是什么？其实，这个问题的答案非常简单，只有两个字，那就是'赚钱'。"

　　在纽约的一个贫民窟里，有一个九口犹太之家，他们生活极为贫困。家中最大的孩子也不过12岁，最小的甚至还不会走路。家中唯一的经济来源，仅仅依靠在外工作的父亲一人承担，但是父亲只是个普通职员，收入不高。对于这样一个孩子众多的家庭来说，如此微薄的收入根本就难以支撑家庭的花销。幸好孩子们的母亲很能干，也很会节省，常常一分钱掰成几半花。可即便如此，一家人也不过是勉强维持温饱而已。在这样的家庭，孩子们也自然早当家。

　　孩子们一天天地长大，家庭的负担也越来越重。转眼间，最大的孩子已经15岁了。到了后来，家中连锅都快揭不开了。无奈之下，父母打算让他们的大儿子自己出去谋生，一来可以减轻家里的一些负担，二来也能够为孩子的将来早作打算。一天，父亲对大儿子说道："孩子，家中的情况你也看到了，恐怕你要自己出去谋生了。"父亲继续说道，"在你离开家之前，我有几句话要嘱咐你。你知道，咱们家从来都不乱花钱的，你妈妈也很能节俭。可你看看现在的状况，咱家除了家徒四壁之外，又攒下了什么？现在，我总算是想明白了，我们之所以如此贫苦，其根源就在于我们只知道节俭而不会开源。就是因为这种保守而又狭隘的思想，我们始终无法摆脱贫穷的困扰。因此，我和你妈妈希望你能够到外面闯一闯。我们已经老了，但你年轻又聪明，而且有着朝气蓬勃的未来。记住，如果你能够摆脱保守和狭隘的思想束缚，开阔自己的眼界，拓宽思路，或许真的有希望彻底改变贫穷的命运。"

父亲告诉大儿子："你面前打开了两扇门，一扇上面写着自由，另一扇则写着保守。如果你选择了写着保守的门，那你最终什么都得不到，因为你的保守将使你失去变富有的可能。而如果走进了写着自由的门，你也许会失去很多；也许会一路磕磕绊绊；也许会有金钱上的损失；甚至会有可能感觉不安和没有保障。但只要能够坚持下去，你最终得到的不仅仅是自由，更会拥有保险。那时候，你所向往的美好而富有的生活才会到来。"父亲期望大儿子能够开创出自己的事业。

小男孩带着父母的期望，很快就踏上了去远方谋生的道路。最初，他找到了一份替别人放贷的工作。他手中积攒了一笔小钱后，高兴极了，开始寻找赚大钱的途径。一次，他在无意中发现干货生意非常赚钱，觉得这是一个很好的赚钱机会，于是，他辞掉了工作，做起了干货买卖。本来就十分聪明的他，再加上勤勤恳恳的态度，没过多久，小男孩手中的钱变得越来越多。又过了几年，他终于将父母兄弟接出了贫民窟。小男孩靠自己的智慧和努力终于实现了父亲的梦想。

但是他并没有满足于眼前富裕的生活，他已经把赚钱当成了人生的乐趣。在仔细考虑之后，他决定到更远的地方去闯荡一番，谋求更大的发展。不久之后，他只身来到英国伦敦。经过一段时间的摸索后，他将目光锁定在了金融业。刚开始的时候，他先是和一些商人一起做起承兑银行的生意，这是当时一种非常时髦的高级金融业务，也就是现代投资银行的前身。后来，他又通过巴尔的摩的布朗兄弟公司英国分号的推荐，很快打入了英国金融界的上流社会，成为富人中的一员，继续着他赚钱的梦想。

犹太富翁们认为，无论赚到多少钱，他们一直向前的脚步是不会停歇的。因为在他们看来，商人的天职就是赚钱！在他们看来，赚钱是最自然的事，如果能赚到的钱不赚，这简直就是对钱犯了罪。

犹太人普利策出生于匈牙利，后随家人移居到美国。在美国南北战争期间，普利策曾在联盟军中服役。他复员后学习法律，21 岁时获得律师开业许可证，开始了他独自创业的生涯。普利策是个有抱负的年轻人，他觉得当个律师赚不了大钱，他希望找一个有广阔发展前景的行业作为自己的立足点。经过深思熟虑，他决定进军报业界。

当时的普利策既无资本，又没有办报经验。为了实现自己的梦想，普利策千方百计寻找进入报业工作的立足点。他决定先到圣路易斯的一家报馆工作，老板答应留下他当记者。

普利策全身心地投入了该工作中。他勤于采访，认真学习和了解报馆各个环节的工作，晚间还不断地学习写作及法律知识。他写的文章和报道不但生动真实，而且法律性强，吸引着广大读者。第二年，普利策就被提升为编辑，他的收入也因此增多了，他开始有点积蓄。

积累了几年的工作经验后，普利策对报社工作已经了如指掌了。他决定用自己的一点积蓄买下一间濒临歇业的报馆，开始创办自己的报纸，并取名为《圣路易斯邮报快讯报》。普利策自办报纸后，资金严重不足。

当时正是 19 世纪末，美国经济开始迅速发展，商业开始兴旺发达，很多企业为了加强竞争，不惜投入巨资搞宣传广告。普利策盯着这个焦点，加强了报纸的广告部，承接多种多样的广告。就这样，他利用客户预交的广告费使自己有资金正常出版发行报纸，发行量越来越大。开办 5 年，每年为他赚了 15 万美元以上。他的报纸发行量越大，广告也越多，他的收入进入良性循环，不久他就成为美国报业的巨头。

　　普利策之所以能够取得如此巨大的成就，是因为他一直把赚钱看作商人的天职。只要能赚钱，无论付出怎样的努力，他都欣然接受。

犹太人非常爱钱，从来不隐瞒自己爱钱的天性。只要是认为可行的赚钱方法，犹太人就一定会做，这就是犹太人经商的高超之处。

值得就去冒险

犹太商人有这样一种商业信念："只要值得，就要去冒险。"这种信念给犹太商人带来了源源不断的财富，这种信念值得人们细细地斟酌。

犹太人阿曼德·哈默的成功值得人们借鉴。1898 年 5 月 21 日，阿曼德·哈默出生于美国。在他上大学时，经营药业的父亲去世了，哈默开始独立经营父亲留下的药厂，并取得了显著成果。哈默具有良好的商业才能，他是一位非常年轻的百万富翁。从此以后，哈默开始了辉煌的经商生涯。1921 年，哈默来到了苏联，成为贸易代理人，并聚集了巨额的财富。1956 年，年过半百的哈默雄心勃勃地收购了西方石油公司，在哈默的手中，即将倒闭的西方石油公司起死回生并再度崛起，哈默本人也因此成为世界上最大石油公司的创业者。1974 年，哈默的西方石油公司年收入达到 60 亿美元。哈默的成功与政治因素有着千丝万缕的关系，他的一生中都与东西方政治领导人有着密切的联系，哈默也成了具有传奇色彩的知名商人。

哈默为什么能够取得如此巨大的成功呢？好多人议论纷纷，不断猜测。有的人推断，哈默发大财靠的不仅是勤奋、精明、机智、谨慎，还有"秘密武器"。但是哈默的"秘密武器"究竟是什么，却没有人知晓。在一次晚会上，有人禁不住向哈默请教"发财的秘诀"，哈默皱皱眉说道："实际上没有什么秘密。经商需要冒险精神，要关注政治局势，例如，在俄国爆发革命时，我只带了几件棉衣就去了俄国，我在政府各个贸易部门转一圈，又买又卖，这些部门大概买了不少于二三百件吧……"听到这里，请教者们大多有点莫名其妙，不知所云。

其实，这正是哈默生意经验的精辟概括。20 世纪 20 年代，具有冒险精神的哈默，在苏联进行了 13 次贸易。在此期间，他历经困难和挫折，在生意场上取得了巨大的成功，聚集了令人羡慕的财富。

哈默本来是美国的一名医生，他完全可以拿着听诊器坐在整洁的医院里，轻松安逸地度过一生。然而，他厌倦了这种平凡的生活，决定去冒险，去干一番大事业。当时，他作出了一般人根本无法想象、难以理解的决定：到被西方描绘成地狱般的苏联去冒险。许多人都认为哈默是发了疯。1921 年的苏联，由于内战、灾荒和外国军事的干涉、封锁等原因造成经济崩溃，人民的生活十分困难，亟须大批的救援物资，尤其是粮食。更为可怕的是霍乱、伤寒等传染病和大面积的饥荒严重地威胁着人们的生命。为了渡过难关，苏联的苏维埃政权开始实施新经济政策，鼓励吸引外资，重建苏联经济。但很多西方人士出于对苏联的偏见和仇视，把苏维埃政权看作可怕的怪物，竭力渲染苏联的困境，将苏联看作人间地狱。他们把哈默到苏联经商、投资办企业称为"到月球去探险"。

哈默清楚自己所面临的困难，但他坚信风险大，利润必然也大。在巨额利润的驱动下，哈默避开了秘密警察的纠缠，乘火车进入苏联。果然，苏联的情况糟糕透了，沿途的景象惨不忍睹：到处是一片萧条的景象，城市里的工厂停工，农村大量农田荒芜，所到之处都是遭受饥饿折磨的人们。在更严重的地区，到处都是无人收殓的尸体，专吃腐尸烂肉的飞禽在路人的头顶盘旋着。

哈默痛苦地闭上眼睛，不忍心再看眼前的悲惨景象。但同时，商人精明的头脑使他意识到：目前，苏联灾荒严重，最急需的就是粮食。而此时的美国粮食大丰收，价格一降再降。不少农民宁肯把粮食烧掉，也不愿意以亏本的价钱把粮食送到市场去出售。苏联矿产丰富，有美国人视为奢侈品的毛皮、白金、绿宝石。哈默心想，如果用苏联的毛皮、白金、绿宝石等换取美国的粮食，既可以满足美国人的需要，又可以解决苏联人的粮食危机，岂不是两全其美？

也许是上苍的垂青，哈默从一次苏维埃政府的紧急会议上获悉，苏联需要大约100万蒲式耳的小麦才能使乌拉尔山区的饥民度过灾荒。哈默闻言大喜，决定抓住这个不可多得的机会，他立刻向苏联官员建议，以苏联的矿产来换取美国的粮食以解燃眉之急。哈默和苏联当局很快便达成了协议。初战告捷，哈默为自己赢得巨额财富的同时，也获得了苏联当局的信任，这为以后的贸易奠定了坚实的基础。

果不其然，不久以后，列宁给了他更大的特权，哈默成为第一个在苏联经营租让企业的美国人，他主要负责苏联对美贸易的代理业务。哈默很快成为美国福特汽车公司、艾利斯·查尔斯机械设备公司、美国橡胶公司等30多家公司在苏联的总代表。处于"垄断"地位的哈默每日顾客盈门，收益也日进斗金，他存在莫斯科银行里的卢布数额惊人。在苏联的冒险行为使得哈默尝到了巨大的甜头。从此"只要值得，不惜血本也要冒险"的格言成为他的经商信条，冒险经营成为哈默做生意的最大特色。

1956年，哈默已经58岁，他积累的财富已经足够享用一生了，他决定移居洛杉矶，以游泳、日光浴、捐赠珍藏等活动来度过余生。

可是，财神又一次把他拖回到冒险的事业中去。不久，洛杉矶的朋友告诉哈默：20世纪20年代初期创立的西方石油公司，由于管理不善，面临着倒闭的危险。由于哈默久负盛名，这家公司希望得到哈默的帮助。此时，对于石油行业还是外行的哈默，在石油巨额利润的诱惑下，决定冒最后一次险：投资最赚钱但是风险性也很大的石油行业。

开始，哈默以5万美元作为探路石，租赁了石油公司的两口油井：如果获得利润，自己和公司各占一半；如果这两口井是干井，这笔钱可以根据规定从应缴纳的税款当中扣除。出乎哈默意料的是，两口井都出了油，西方石油公司的股票一下子上涨了。这次成功的尝试使哈默对石油行业产生了极大的兴趣。1957 年，为了得到进一步的发展，他把借给该公司的贷款转化为股票，他当上了该公司的总经理，同时也是西方石油公司最大的股东。

哈默的事业并不是一帆风顺的，石油钻探事业本身带有极大的冒险性。1961 年，西方石油公司几乎用完了 1000 万美元的勘探基金，但是仍然没有找到可供开采的油井。哈默没有放弃，他招聘了一个名叫鲍勃的青年地质学家。鲍勃向哈默提出建议：旧金山以东有一片被德士古石油公司放弃了的地区，这个地区可能蕴藏着丰富的天然气田，西方石油公司应该把它租用下来。

哈默决定进行这次冒险活动，他汇集了一大笔钱。地质学家鲍勃将油井定位在距离废井大约 600 英尺的一块空地上，当钻到 8600 英尺深时，奇迹出现了，他们居然钻出了加利福尼亚州的第二大天然气田，总价值达到 2 亿美元以上。几个月以后，他们又在附近钻出了一个资源丰富的天然气田。哈默在石油行业的冒险活动再次取得了成功。

1966 年，西方石油公司将目光转向了盛产石油的利比亚。此时的利比亚政府正准备进行第二轮出让租借地的谈判，9 个国家的多家公司参加了这次投标竞争。哈默意识到，要同这些实力雄厚的大公司争夺，成功的希望并不大，这些财大气粗的石油巨头，完全可以轻易地把他打倒在地。但哈默决定再进行一次冒险。

投标的日子来到了，哈默乘坐一架由轰炸机改造的飞机赶来。他的投标方式很独特：他别出心裁地用红、黄、绿三色彩绸做成投标书，投标书和当时利比亚的国旗是同一个颜色。为了增加成功的希望，他还在投标书中特别注明，如果西方石油公司中标，公司将在国王先祖所在地——绿洲，建造一座漂亮的大花园。哈默的冒险行为再一次成功了，他顺利地取得了利比亚油田的开发权。哈默的成功使得那些颇有声望的竞争对手对他刮目相看。

哈默的事业在曲折中前进着，利比亚的油井很快便成了哈默烦恼的根源，钻井费用过高，每口井的勘探费用是300万美元，另外还有200万美元用于地震探测和额外开支。并且钻探的前3口油井都是干井。董事会的不少股东开始大发牢骚，他们把这项计划叫作"哈默的蠢事"。公司的第二大股东里德也丧失了信心，主张撤股。哈默却不肯轻易服输，他采纳了公司地质专家的意见，采用电子计算机探测新技术，在原来的区域继续勘探，直至打出了9口油量丰富且便于开采的油井，有的油井年产量竟高达73万桶，创利比亚油井产量之最。

利润源源不断地流进了西方石油公司的账户，冒险精神使得这位冒险家迎来了事业上的又一个黄金时期。

继利比亚石油开采之后，西方石油公司的海外石油事业再次取得了新的发展——开发英国的北海油田。英国北海油田造价不菲，每口油田的勘探费用为250万美元。经过哈默和全体同人的共同努力，他们钻出了石油，同样取得了成功。

目前，西方石油公司已经与英国的格蒂石油国际有限公司和苏格兰石油有限公司等组成了开发北海石油的财团。

犹太商人认为，在商业经营上要敢于冒险投资。冒险不是盲目的，需要将勇敢与常识结合起来，也就是说，需要了解实际情况，把握住对方的弱点，经过深思熟虑后作出"精明的冒险"。在这里，冒险要与粗鲁的蛮干划清界限，冒险也不是"异想天开"碰运气。关于"精明的冒险"和粗鲁的蛮干或碰运气的区别，犹太商人科克讲述了一个小故事。

在最近的一次研讨会议上，史密斯先生无意中说起他的购房计划，而且他心中已经有了目标。史密斯说："这套房子我十分满意，卖主要15万美元，我准备以13万美元买下，你们看我怎样才能少付两万美元呢？介绍点省钱的诀窍吧。"科克问道："你一定要买那套房子吗？如果你不买这套梦寐以求的房子又有何妨呢？"史密斯答道："那不行，那套房子对我来说太重要了，如果不买，我想我的妻子就会自杀，我的孩子也会离家出走。我现在必须使房子的要价降低。"科克摇了摇头，表示无能为力，因为史密斯先生的心情太迫切了。结果，史密斯为梦寐以求的房子整整花了15万美元，对于他那种迫不及待的态度，他没付16万美元已经够幸运的了。在谈生意时，史密斯的心情太急切了，因此他不敢冒险，甚至不敢说出任何冒险的话，例如："也许还有我喜欢的其他房子吧""我不太喜欢这样的房子""如果价格太高，我就不买"，而这类话会使得卖主降低要价。

最后，科克这样告诫人们："当你感到务必要得到某样东西时，你就永远得付出高价，因为你已经把自己置身于一个对方容易驾驭的位置。"

总之，在生意谈判中缺乏冒险精神往往会导致失败。

在一次研讨会上，帕特站在一伙人面前，手里握着一枚普通的硬币。他对那伙人说："我们来玩一个传统的掷币赌博游戏，我把硬币掷下，请一位先生猜测正面和反面，如果猜对了，我给你100万美元；如果猜错了，请这位先生给我10万美元。这是一场合法而公平的打赌，有没有人愿意来试一试？请举手！"当然没有人会举手参加。

帕特把硬币收了起来，接着评论道："先生们，为什么当我提出打赌时，没有人敢参与呢？如果你猜中一次，可是100万美元呀！足够你输10次的了。当时你们的脑子里在想些什么？大部分的人不会考虑到赢，不会考虑到用100万美元买什么东西的。许多人考虑的是输，他们认为如果输了将要怎么办？怎么样去搞10万美元？现在自己的手头很紧，还等着发薪呢！"听到这里，许多人不禁会心地笑了。

帕特继续说道："大部分在场的人会相信不赌钱是正确的选择。就个人而言，拥有的财产数额与承担风险的胆量是成正比的。如果有一个亿万富翁在场，他就会毫不犹豫地跟我打赌。因为100万美元的得失对他来说并没有太大的关系，即使输了，亿万富翁也只是耸耸肩，潇洒地叹口气说：'怎么搞的！希望下次有个好运气。'如果我把赌注降低到100美元甚至10美元，那么，在场的人就都会参加打赌了，因为即使损失了，对他们来说也是九牛一毛。"

最后，他为大家总结出如下几条冒险原则：

（1）冒险的目的是赚钱，如果得不偿失就不要去冒险。

（2）冒险的限度是你能够承受这项风险，不要把冒险当成单纯的赌博。

（3）冒险时要理智，要深思熟虑，不要骄傲逞能、盲目急躁或异想天开。

（4）当冒险需要付出的代价太大时，应该找到合伙人来共同承担风险。这样，可以减少个人损失。

在商业活动中，适当的冒险是必要的，人们应该及时地改变对冒险经营的看法。在传统观念中，无论是在西方还是东方，在相当长的一段时间里，"投机"这个词都带有某种贬义色彩。在现代商业理论中，经济学家们将"投机"称为"风险管理"。随着这个名称的改变，犹太商人变成了"风险管理者"，而不是传统意义上的"投机家"了。